DBV
DON BOSCO
VERLAG

Verein der Freunde und Förderer
des Zentrums für Umwelt und Kultur Benediktbeuern e.V. (Hrsg.)

Natur und Kultur als Standortfaktoren der Wirtschaft

– Bayerns Zukunft in Europa –

Don Bosco Verlag

Die Deutsche Bibliothek – CIP-Einheitsaufnahme

Natur und Kultur als Standortfaktoren der Wirtschaft:
Bayerns Zukunft in Europa / Verein der Freunde und Förderer
des Zentrums für Umwelt und Kultur Benediktbeuern e.V. (Hrsg.)
- 1. Aufl. - München : Don-Bosco-Verl., 1994
ISBN 3-7698-0787-1
NE: Verein der Freunde und Förderer des Zentrums für
Umwelt und Kultur Benediktbeuern e.V.

1. Auflage 1994 / ISBN 3-7698-0787-1

Umschlaggestaltung: Alex E. Schmid, Penzberg
unter Verwendung einer Zeichnung von Jürgen Meyer-Andreaus
Gesamtherstellung: Salesianer Druck, Ensdorf

Dieses Buch wurde gedruckt auf chlorfrei gebleichtem,
umweltfreundlichem Papier.

Inhalt

Vorwort

Das Zentrum für Umwelt und Kultur ist glücklich darüber, daß seine Angebote Jahr für Jahr von vielen tausenden von Mitbürgern, von jung und alt, in Anspruch genommen werden. Die Ausstellungen im Meierhof, die Betreuung von Gruppen aus Verbänden und Pfarreien mit vielfältigen Führungen in der Landschaft, die Zusammenarbeit mit Studenten, Diplomanden und Hochschullehrern der ökologisch orientierten Fachdisziplin und vieles andere mehr, zeigt das breite Interesse, dem das Zentrum begegnet.
Am Pfingstfreitag 1993 hat das Zentrum erstmals zu einem anspruchsvollen Symposium über grundsätzliche Fragen, die mit seiner Aufgabenstellung zusammenhängen, eingeladen. Damit sollte eine Tradition begründet werden, mindestens einmal im Jahr in dieser Form an Partner und Interessierte aus dem Kreis von Unternehmen, Behörden, wissenschaftlichen Einrichtungen, Verbänden, kommunalen Mandatsträgern und Mitbürgern aus Benediktbeuern und Umgebung heranzutreten. Das erste Symposium hat ein weitgespanntes Thema behandelt und ist mit besonders fachkundigen und hochgestellten Referenten durchgeführt worden.
Die Resonanz der Teilnehmer und der Öffentlichkeit war so groß, daß immer wieder die Drucklegung der Vorträge erbeten wurde. Mit der vorliegenden Broschüre wird diesem Wunsch entsprochen in der Absicht, bei künftigen Symposien ebenso zu verfahren und auf diese Weise eine interessante Reihe zu Fragen unserer Zeit entstehen zu lassen.

Werner Buchner

Helmut Metzner

Umweltzerstörung aus historischer Sicht

Zunächst bedanke ich mich für die freundliche Einladung, hier nach Benediktbeuern zu kommen. Gestatten Sie mir, obwohl das Thema „Bayerns Zukunft in Europa" lautet, die besondere Aufgabe und Rolle Bayerns zunächst einmal zurückzustellen und über das Thema Umweltzerstörung zunächst aus der Sicht Europas zu Ihnen zu sprechen.

Die Europäische Akademie hat sich zum Ziel gesetzt, die Krisengebiete unseres Kontinents – und das bedeutet im wesentlichen Osteuropa und das Mittelmeerbecken – in den Vordergrund ihrer Arbeiten zu stellen. Ich komme aber am Schluß meiner Ausführungen auf eine länderübergreifende Aufgabe zurück, die ganz wesentlich eine Kooperation Bayerns erfordert.

Mein heutiges Thema „Umweltzerstörung aus historischer Sicht" beginnt mit der Herausstellung zweier Begriffe, die wir immer wieder brauchen werden, nämlich „Umwelt" und „Ökologie". Das Wort Umwelt findet sich zum ersten Mal in den naturwissenschaftlichen Schriften Goethes. Der Begriff Ökologie wurde von Ernst Haeckel geprägt. Er hat aber inzwischen in seiner Bedeutung eine wesentliche Wandlung erfahren. Haeckel wollte mit der Ökologie eine Spezialdisziplin der Biologie, eine „Haushaltslehre der Biologie", begründen; wir kommen diesem ursprünglichen Anliegen am nächsten, wenn wir heute über Ökobilanzen diskutieren.

Inzwischen ist aus der Ökologie aber eine interdisziplinäre Wissenschaft geworden, die von der Betriebs- und Wirtschaftswissenschaft über die Natur- und Ingenieurwissenschaften – und nicht zuletzt auch zur Ethik – reicht. So werden wir auch immer wieder feststellen, daß ökologische Probleme sehr unterschiedlich betrachtet werden. Ich möchte heute versuchen, in meinem Beitrag möglichst viele Aspekte vorzustellen.

Beginnen möchte ich mit der alttestamentarischen Aufforderung: „Seid fruchtbar und mehret euch, und füllet die Erde, und machet sie euch unterthan, und herrschet über Fische und Meer, und über Vögel unter dem Himmel, und über alles Thier, das auf Erden kriechet."

Dieser Auftrag an die Menschen erging, historisch gesehen, eigentlich sehr spät. Wenn wir davon ausgehen, daß unsere Erde seit viereinhalb Milliarden Jahren existiert, dann ist die Zeit des Eingriffs des Menschen eigentlich nur ein flüchtiger Wimpernschlag. Denken wir uns einmal diese viereinhalb Milliarden Jahre zusammengedrängt auf ein einziges Jahr, dann sind die ersten Lebensformen auf unserer Erde im Frühjahr erschienen, und erst im Sommer wurden die Kontinente zum ersten Mal besiedelt. Der Mensch erschien auf dieser Bühne nicht vor dem Silvesterabend, und zwar in der letzten Minute vor Mitternacht. Innerhalb dieser sehr kurzen Zeitspanne hat er dann so stark auf die Natur eingewirkt, daß wir uns heute Sorgen machen müssen, ob nicht bestimmte Gebiete unserer Erde in Zukunft kaum noch bewohnbar sein werden.

Der Auftrag: „Machet Euch die Erde untertan" war schon etwas höchst Ungewöhnliches; denn in der langen Geschichte der Erde hatte es nie einen Organismus gegeben, der so dominiert hätte, sondern jedes Tier und jede Pflanze hatte sich einzufügen in eine Gemeinschaft von Lebensformen, die wir heute Ökosysteme nennen. Von ihnen weiß der Biologe, daß sie eine enorme Stabilität besitzen, daß sie es immer wieder fertigbringen, ihren Zustand, wenn dieser einmal kurzfristig gestört wurde, durch Regulationsmechanismus wiederherzustellen und aufrechtzuerhalten.

Das war auch in der ersten Phase der Menschheitsgeschichte so. Solange der Mensch als Sammler und Jäger lebte, mußte er sich in die von ihm vorgefundenen Ökosysteme einfügen. Darin war er zahlreichen Gefahren ausgesetzt. Diese reichten von den Raubtieren über die Unbilden der Witterung bis hin zu zahlreichen Krankheitserregern. So blieben seine Horden sehr klein. Die Größe, die wir heute die „mittlere Lebenserwartung" nennen, dürfte damals deutlich unter 20 Jahren gelegen haben; denn die Historiker gehen davon aus, daß diese Zahl selbst im Rom des Augustus nur knapp über 20 Jahren lag.

Der erste schwere Eingriff des Menschen in die ihn umgebende Natur vollzog sich erst in der Zeitspanne, in der einzelne Sippen seßhaft wurden, in jenen Jahrtausenden also, in denen sie vom Leben des Sammlers und Jägers dazu übergingen, Pflanzen anzubauen und Tiere zu zähmen. Dies ist jener Zeitpunkt, den wir heute die neolithische Revolution nennen. Um sich Raum für seine Äcker zu schaffen, mußte der Mensch aber zunächst einmal die Wälder roden. Er hat das anfänglich mit seinen primitiven Steinwerkzeugen getan, aber er hat sicher auch bald schon zu einem Mittel gegriffen, das wir heute vor allem im südamerikanischen Raum sehr beklagen: der Brandrodung. Was er damals nicht wissen konnte, war die Tatsache, daß Wälder die natürlichen Wasserspeicher der Natur sind und daß er mit deren Vernichtung eine gefährliche Landschaftszerstörung bewirkte. Wenn wir heute in Nordafrika vor einem Meer riesiger Sanddünen stehen, vergessen wir allzu leicht, daß dieses Gebiet zur Zeit des Kaisers Augustus die Kornkammer Roms gewesen war.

Schon vor 2000 Jahren aber vernehmen wir die ersten Klagen über eine Umweltzerstörung; so lesen wir bei Platon:

„Einst, als es noch Wälder gab auf den Bergen Attikas, nahm die reichliche Erdschicht das Wasser auf und bewahrte es, so daß die eingesogene Menge sich ganz allmählich von den Höhen aus verteilte und Quellen speiste; aber nun ist die fette und weiche Erde herausgeschwemmt und allein das magere Gerippe des Landes noch vorhanden – gleichsam nur das Knochengerüst eines durch Krankheit angegriffenen Leibes."

Als Platon diese Worte schrieb, hatte man längst den Stein durch einen anderen Werkstoff ersetzt: durch Metalle. Zunächst war es Kupfer gewesen, dann war es die Bronze, bevor man lernte, das harte Eisen zu schmieden. Mit dem Bergbau mußte man nicht nur Stollen in die Berge hineintreiben, sondern man mußte auch den Abraum lagern. So lesen wir dann bei Georgius Agricola in seinen 1530 erschienen De re metallica libri:

„Durch das Schürfen nach Erz werden die Felder verwüstet ... Wälder und Haine werden umgehauen, denn man bedarf zahlloser Hölzer für die Gebäude und das Gezeug sowie, um die Erze zu schmelzen. Durch das Niederlegen der Wälder und Haine aber werden die Vögel und andere Tiere ausgerottet ... Die Erze werden gewaschen, durch dieses Waschen werden aber, weil es die Bäche und Flüsse vergiftet, die Fische entweder aus ihnen vertrieben oder getötet."

Das war im frühen 16. Jahrhundert. Bis zu dieser Zeit war – vor allem im Mittelmeerraum – das Holz in steigenden Mengen verbraucht worden als Bauholz für die aufkommenden städtischen Siedlungen, aber auch für den Flottenbau. Die Naturzerstörung fraß sich von dort aus aber immer weiter bis in unsere Breiten hinein.

Auch in diesen Jahrhunderten blieb die Lebenserwartung des Menschen gering. Es waren nun vor allen anderen Ursachen die verheerenden Krankheiten, die immer wieder die menschlichen Gemeinschaften dezimierten. Wir machen uns von diesem Ausmaß kaum eine rechte Vorstellung. Selbst im letzten Jahrhundert gab es noch eine Choleraepidemie, die 1847–1849 allein in Rußland eine Million Opfer forderte. Die Seuche wurde nach Spanien und nach Südfrankreich vertragen; auch dort hatte man Hunderttausende von Toten zu beklagen. Wenig später, im Jahre 1854, starben auch in Bayern mehr als 7.000 Menschen an der Cholera. Wahrscheinlich sind viele Feldzüge nicht durch die Schlachten entschieden worden, die in unseren Geschichtsbüchern aufgelistet sind, sondern durch ansteckende Krankheiten, welche damals die Heere heimsuchten.

Trotz all dieser Verluste stieg die Bevölkerungszahl jedoch rasch weiter an, und bald machte man sich Sorgen, ob denn eigentlich die Äcker die zunehmende Zahl an Menschen weiterhin würden ernähren können. Es war vor allem das 18. Jahrhundert, in dem immer wieder Mahner aufstanden. Ich lese nur einen Satz aus einer Predigt, die der damals sehr bekannte Johann Peter Süßmilch im Jahre 1731 gehalten hat:

„Der segnende Befehl Gottes wolte nur, daß der Erdboden mit Menschen solte erfüllet, keines weges aber überfüllet werden, d.i. er solte nur so viel Einwohner haben, als er ernehren konnte, nicht aber mehrere, nicht so viele, die das Maas

der Nahrungskräfte der Erde übersteigen könnten."
Einen noch wesentlich größeren Einfluß auf die Diskussionen dieses 18. Jahrhunderts hatten die Schriften des englischen Sozialphilosophen Robert Thomas Malthus, der in seinen „Essays on Population" betonte, daß die Menschheit beginne, sich exponentiell zu vermehren, während die Erträge der Landwirtschaft allenfalls linear wachsen könnten. Im gleichen Jahrhundert aber entdeckte der deutsche Chemiker Justus von Liebig, daß man dem Boden Nährstoffe, die man ihm mit den Ernten entzogen hat, auch wieder zurückgeben kann. Es entstand die Mineraldüngung. Angesichts ihrer augenscheinlichen Erfolge wähnte man sich lange Zeit auf der sicheren Seite.
In dieses 18. Jahrhundert fällt aber auch noch – ganz an dessen Ende – die Erfindung der Dampfmaschine. Damit war eine wesentlich stärkere Zäsur gegeben, als wir sie in der neolithischen Revolution zu beklagen hatten: Sehr bald schon stellte man fest, daß das Holz der Wälder nicht mehr ausreichte, die zahlreichen Kessel zu speisen. Man mußte jetzt zunehmend auf die fossilen Brennstoffe zurückgreifen, und das waren zunächst einmal die Kohlen. Daher ist es durchaus verständlich, daß sich die rasch aufblühenden Industrien der ersten Generation quasi im Schatten der Fördertürme ansiedelten. Wenig später jedoch wurden Elektromotoren und elektrische Generatoren erfunden. Mit dem elektrischen Strom hatte der Mensch erstmals eine Energieform in die Hand bekommen, die er beinah verlustlos über weite Strecken hinweg transportieren konnte. Nun war es für die Industriebetriebe nicht mehr erforderlich, sich unbedingt in der Nähe einer Kohlengrube anzusiedeln. Als ein wesentlich größerer Vorteil erschien es statt dessen, sich an die großen Transportwege anzulehnen, und das waren unsere großen Flüsse. So entstanden überall in Europa entlang den bedeutenden Wasserstraßen die ersten Industriezentren.
Lassen Sie mich, bitte, nur eine Sparte beispielhaft herausgreifen: die chemische Industrie. Ihr erster großer Erfolg war die Synthese von Farbstoffen. Bis dahin waren diese Pigmente, angefangen vom antiken Purpur bis hin zum Indigo, Luxusartikel gewesen. Mit der Herstellung des Anilins und später einer großen Zahl weiterer synthetischer Präparate wurden Farbstoffe für jedermann zugänglich. Als nächstes gelang die Synthese von Fasern. An die Stelle von Seide, Wolle und Baumwolle traten Nylon, Perlon und immer neue Kunststoffe.
Was zunächst nicht gelang, war die Herstellung von Medikamenten. Bis zum Beginn unseres Jahrhunderts stand den Ärzten als Heilmittel nur eine Reihe von Naturstoffen zur Verfügung, die aus Pflanzen und – in seltenen Fällen – aus Tieren gewonnen werden konnten. So breiteten sich gefährliche Seuchen, insbesondere Tropenkrankheiten, immer weiter aus. Selbst in unserem 20. Jahrhundert hätte man sich beinah dazu entschlossen, den Bau des Panamakanals bereits nach einem Jahr abzubrechen, nachdem man allein im ersten Baujahr 40.000 Tote durch Tropenkrankheiten zu beklagen hatte.
Schließlich aber gelangen den Chemikern die ersten Heilmittel-Synthesen. Ich möchte von den zahlreichen neuen Medikamenten nur zwei

beispielhaft herausgreifen, weil sie in sehr verschiedener Weise zeigen, wie stark der Einfluß synthetischer Präparate auf die Natur sein kann. Ich erwähne zunächst das DDT. Diese Verbindung war zuerst zur Bekämpfung von Insekten eingesetzt worden, die man als Überträger von Tropenkrankheiten, speziell der Malaria, erkannt hatte. Mit Hilfe des DDT gelang es wirklich, in weiten Teilen dieser Erde die Malaria nahezu auszurotten. Nachdem man bei deren Überträgern so große Erfolge erzielt hatte, entsann man sich jener Plagen, von denen schon im Alten Testament die Rede ist. Damals waren es vor allem Heuschreckenschwärme, die immer wieder die mit großen Mühen angebauten Kulturen heimsuchten. Wir mögen beim Lesen dieser alten Berichte vielleicht den Eindruck gewinnen, sie seien übertrieben. Wahrscheinlich waren sie das aber gar nicht. Erst vor einigen Jahren tauchte im Sudan ein Heuschreckenschwarm auf, dessen Gewicht man auf 2.000 Tonnen schätzen konnte. Wenn man bedenkt, daß jedes einzelne Tier an jedem Tag eine Menge von Pflanzen frißt, deren Masse seinem eigenen Körpergewicht entspricht, dann kann man sich vorstellen, welche Schäden durch solche Heuschreckenschwärme angerichtet wurden – von anderen Schädlingen einmal ganz zu schweigen.

Nun glaubte man, ein Präparat, das sich in den Tropen so sehr bewährt hatte, einfach auch bei uns einsetzen zu können. Zunächst wurde DDT in den US-amerikanischen Südstaaten in sehr großen Mengen versprüht, dann aber auch in Mitteleuropa. Die erste Schreckensmeldung erreichte uns vom ungarischen Plattensee. Dort hatte man kurz vor einem schweren Gewitter DDT versprüht; nach dem Regen war der ganze See mit toten Fischen bedeckt. Was war hier geschehen?

Man hatte vor der Einführung des DDT sehr sorgfältig geprüft, ob dieses Präparat auch den Menschen schaden könnte. Um die Wirksamkeit hochaktiver chemischer Verbindungen zu charakterisieren, verwendet man heute eine Maßeinheit, die wir auch nutzen, wenn es darum geht, die Anreicherung von Schadstoffen in unserer Umwelt zu registrieren: die sog. ppm-Einheit. Dies ist eine Abkürzung für „parts per million" und entspricht somit 1/10.000 Prozent. Man wußte aus Versuchen, die man mit Freiwilligen gemacht hatte, daß der Mensch fünf ppm-Einheiten DDT gerade noch verträgt; oberhalb dieser kritschen Grenze wird der Herzmuskel geschädigt. Nun war für die Bekämpfung von Insekten nur etwa ein Hundertstel dieser Konzentration erforderlich; so hielt man sich für berechtigt, dieses Präparat einzusetzen. Was man damals nicht berücksichtigt hatte, war die Tatsache, daß viele synthetische Präparate sich im Fett – auch in dem des tierischen Körpers – anreichern, teilweise sogar millionenfach. Als man nun durch die Katastrophe am Plattensee darauf aufmerksam wurde, daß Fische so empfindlich reagieren können, fragte man sich, ob nicht vielleicht auch das Weidevieh Rückstände dieses Präparates aufgenommen hat und daß es dadurch zu einer Anreicherung in der Milch und in Milchprodukten kommen könnte. Man schickte damals einfach einige Leute in die amerikanischen Supermärkte, ließ sie dort Milch und Käse kaufen und brachte beides in entsprechend ausgestattete Laboratorien. Dort mußte man feststellen, daß die Milch gerade die kritische fünf ppm-Konzentration aufwies, Käse aber teilweise mehr als 60 ppm DDT enthielt. Eine sofort einberufene Nato-Konferenz zog daraufhin das DDT vom Markt zurück. Die Folge war, daß auf Ceylon, wo man die Malaria nahezu ausgerottet hatte, bereits nach einem einzigen Jahr wieder 10.000 Krankheitsfälle registriert werden mußten.

Das zweite Präparat, das ich erwähnen möchte, ist das Contergan. Durch die Zusammenballung von immer mehr Menschen in immer größeren Städten und durch den Streß unserer heutigen Arbeitswelt breitete sich eine neue Plage aus: die Schlaflosigkeit. Man suchte nun auch hier nach einem wirksamen Mittel. Dies glaubte man im Contergan gefunden zu haben. Auch in diesem Falle hatte man sich durch Experimente mit zahlreichen freiwilligen Versuchspersonen davon überzeugt, daß das Präparat, wie man glaubte, keinerlei Nebenwirkungen habe. Dann aber zeigte sich der katastrophale Einfluß in vielen Mißgeburten. Man kann der Firma, die dieses Präparat in den Handel brachte, wohl kaum einen Vorwurf machen; denn niemand hätte Schwangere in eine Versuchsreihe aufgenommen; nur bei diesen aber zeigte sich die verheerende Wirkung. Im Grunde genommen müssen wir eigentlich noch dankbar sein, daß die Schäden so eklatant waren. Nehmen wir einmal an, wir würden heute ein Medikament auf den Markt bringen, das unseren Intelligenzquotienten herabsetzt. Wie lange würde es wohl dauern, bis wir diesen Zusammenhang aufklären könnten?

Durch die Einführung vieler neuer Medikamente und durch die Tatsache, daß auch unkontrolliert verschiedene Präparate gleichzeitig genommen werden, rechnen wir allein in den alten Bundesländern alljährlich mit etwa 20.000 Todesfällen. Das aber heißt: Durch unbewußten Medikamentenmißbrauch haben wir mehr Opfer zu beklagen, als durch den Straßenverkehr. Das aber sind Zahlen, über die niemand spricht.

Ein altes Sprichwort sagt: „Wo gehobelt wird, fallen Späne.“ In der chemischen Industrie heißen diese Späne „Abfälle“. Irgendwie muß man mit diesen höchst unerwünschten „Beiprodukten“ fertig werden. Manche werden einfach durch die Schornsteine „entsorgt“. Von diesen „Abgasen“ möchte ich nur eines erwähnen, das man lange für unbedenklich hielt, das aber heute im Mittelpunkt zahlreicher Diskussionen steht: CO_2, das Verbrennungsprodukt des Kohlenstoffs. Durch den Verbrauch der fossilen Brennstoffe reichert es sich in unserer Atmosphäre immer mehr an. Wir wissen nun aber, daß CO_2 Wärme absorbiert, und wir befürchten, das es dadurch klimawirksam sein könnte. Die derzeit vorherrschende Meinung ist, es bestehe eine strikte Korrelation zwischen dem CO_2-Gehalt unserer Atmosphäre und deren Temperatur. Wer beispielsweise das Buch „Wege zum Gleichgewicht“ des amerikanischen Vizepräsidenten al Gore gelesen hat, wird die große Besorgnis des Autors gespürt haben, daß durch diese Temperaturzunahme die Eiskappen abschmelzen könnten und daß es dadurch zu einem beträchtlichen Anstieg des Meeresspiegels kommt. Al Gore weist ausdrücklich darauf hin, daß ein Drittel

unserer Mitmenschen in küstennahen Regionen lebt, die dann geräumt werden müßten.
Es ist immer sehr schwierig, in der Ökologie einen Mittelweg zwischen der Skylla von Horrorszenarien und der Charybdis von Verharmlosungen zu finden. Im Falle der CO_2-Anreicherung sagen uns die „Verharmloser", daß es durch die Erwärmung der Luft zu einer stärkeren Wolkenbildung komme und daß damit ein weiterer Temperaturanstieg gebremst würde. Andere Wissenschaftler haben die Meinung geäußert, eine erhöhte CO_2-Konzentration würde die Produktivität der Pflanzen steigern und damit die Menge der Nahrungsmittel erhöhen. Dies könne – so ihr Argument – angesichts einer weiter wachsenden Weltbevölkerung nur positiv sein.
Was ist nun richtig? Die Europäische Akademie für Umweltfragen wollte sich selbst ein Bild machen und lud Experten aus der Alten und der Neuen Welt zu einem Symposium ein, bei dem das Pro und Kontra der gegensätzlichen Meinungen offen diskutiert wurde. Wir müssen gestehen, daß wir nach dieser Tagung in unserem Urteil unsicherer und damit auch vorsichtiger sind als vorher. Unserer Ansicht nach weiß noch niemand zu sagen, welche Konsequenzen die Anreicherung unserer Erdatmosphäre mit CO_2 haben wird.
Heute kreist die Überlegung vieler Wirtschaftler aber noch viel mehr um die Frage: „Können wir genügend Energie bereitstellen für die Aufrechterhaltung unseren Lebensstils und für unsere Industrie?", als daß wir uns Sorge machen um die Produktion von Nahrungsmitteln. Angesichts der „Überversorgung" bei uns – die inzwischen vielerorts sogar zur bewußten Vernichtung von Erntegut geführt hat – vergessen wir nur allzu leicht, daß auf dieser Erde jeden Tag mehrere tausend Menschen verhungern – viele davon auch in Europa! Aber wie sieht es mit der Energie aus? Der amerikanische Vizepräsident al Gore und viele Umweltminister meinen, man könne weltweit sehr viel Energie einsparen, aber sie bedenken dabei nicht, daß eine Milliarde unserer Mitmenschen heute noch keinen elektrischen Strom kennt. Auch sie werden in nicht allzu ferner Zukunft Radio und Fernsehen haben und schließlich ihre eigene Industrie aufbauen wollen.
Noch eine andere vom Menschen zu verantwortende Umweltveränderung beunruhigt uns: die Zerstörung des Ozonschildes. Was bewirkt diese stratosphärische Ozonschicht und wodurch ist sie heute gefährdet? Aufgebaut wurde sie seit Jahrmilliarden durch die Aktivität der Pflanzen, die als „Beiprodukt" der licht-induzierten Kohlenhydrat-Synthese Sauerstoff (O_2) freisetzen. In den hohen Schichten unserer Atmosphäre ist dieses Gas der intensiven UV-Strahlung der Sonne ausgesetzt. Diese bewirkt die Umsetzung des Sauerstoffs zum drei-atomigen Ozon (O_3). Erst diese Ozonschicht hat es den Organismen einstmals überhaupt erlaubt, das UV-absorbierende Wasser zu verlassen und die Kontinente zu besiedeln; denn bis zur „Erfindung" der pflanzlichen Photosynthese war der Ultraviolett-Anteil der Sonnenstrahlung viel zu hoch. Heute wird er nun durch eben diese Ozonschicht verringert.
Als festgestellt wurde, daß dieser schützende Schirm ständig dünner wird, hat man zunächst

nach „Schuldigen“ gesucht und glaubte, diese in sog. FCKWs, d.h. fluorierten Chlorkohlenwasserstoffen, gefunden zu haben, die in großer Menge als Kühlmittel auch in der Kunststoffindustrie gebraucht werden. Inzwischen wissen wir, daß auch andere Stoffe, unter ihnen die Stickoxide, die Ozonschicht zerstören. Stickoxide werden heute in großem Umfang von Flugzeugen freigesetzt. Wenn diese hoch über der Wolkendecke verkehren, steigen die Stickoxide in die Stratosphäre auf; dies geschieht heute bei jedem Transatlantikflug. Natürlich vorkommende, vom Menschen nur zusätzlich abgegebene Substanzen einzusparen, ist weit schwieriger als die Zurücknahme synthetischer Präparate.

Wenn ich sagte, viele Abfallstoffe der Industrie würden in der Luft „entsorgt“, dann ist das nur die halbe Wahrheit; denn große Mengen an Schadstoffen aller Art gelangen in das Wasser. Da unsere Industrien sich immer weiter in das Mündungsgebiet großer Ströme vorschieben, bedeutet das, daß die Zeit für eine biologische Selbstreinigung des Wassers gar nicht mehr gegeben ist und wir somit auch die Küstenregionen immer weiter verschmutzen. Wenn wir nur einmal die Verhältnisse an den Küsten Europas betrachten, so stellen wir dort so starke Verunreinigungen fest, daß wir für weite Gebiete am Mittelmeer heute ein striktes Badeverbot erlassen müßten. Wir tun das nicht, weil wir auf den Tourismus Rücksicht nehmen. Ist das zu verantworten? Immerhin wissen wir heute, daß weltweit jeder dritte Todesfall auf verunreinigtes Wasser zurückzuführen ist.

Wir lesen in Goethes „Faust“: „Alles ist aus dem Wasser entsprungen, alles wird durch das Wasser erhalten.“

Mit diesem wertvollen Gut aber gehen wir sehr „großzügig“ um. Jeder von uns verbraucht pro Tag im Durchschnitt 150 Liter Wasser. Wir leisten uns sogar den Luxus, mit Trinkwasser unsere Wagen zu waschen und unseren Rasen zu sprengen. Das werden wir uns sicherlich auf die Dauer nicht mehr leisten dürfen. Gleichzeitig machen wir uns keine rechte Vorstellung vom Wasserbedarf unserer Industrie. Ein Werk wie Bayer-Leverkusen verbraucht mehr Wasser als die Städte München und Hamburg zusammengenommen. Wenn wir diese Mengen anteilmäßig umrechnen auf die Bevölkerung, dann steigt unser Tagesverbrauch pro Kopf auf 500 Liter.

Der Europarat hatte vor einigen Jahren eine Kommission „Fresh Water Europe“ eingesetzt. Die Erfahrungsberichte aus den einzelnen Ländern wurden gerade eben zusammengetragen. Nach deren Sichtung hat man sich nun entschlossen, ein einziges Fließgewässer Europas beispielhaft herauszugreifen. Man hat sich für die Donau entschieden. Damit fällt den Wissenschaftlern in Bayern eine ganz wesentliche Rolle in diesem neuen Gemeinschaftsprojekt zu.

Zum Schluß möchte ich noch einmal auf die sog. mittlere Lebenserwartung zurückkommen. Wie ich schon sagte, lag sie vor der neolithischen Revolution bei höchstens 20 Jahren; wir gehen davon aus, daß sie im Mittelalter kaum die Grenze von 30 Jahren überschritten hat. Eine erste exakte Zahl besitzen wir aus dem Jahre 1900. Damals erschien zum ersten Mal das statistische Handbuch des Deutschen Reiches. Darin findet sich eine mittlere Lebenserwartung von 45 Jahren. Das ist eine Zahl, die heute für Malawi und Niger gilt. Bei uns ist sie inzwischen auf 77 Jahre angestiegen. Dieser Vergleich zwischen 1900 und 1993 täuscht jedoch. Wenn wir fragen würden: Wie viele Lebensjahre hat ein derzeit 45jähriger noch vor sich, dann hat sich diese Zahl seit der letzten Jahrhundertwende nur um drei Jahre verändert. Es ist demnach die hohe Kindersterblichkeit – insbesondere die Säuglingssterblichkeit –, die durch die Erfolge der Medizin zurückgeschraubt werden konnte. Das aber ist leider nicht überall so. Nehmen wir nur einmal ein so stark belastetes Gebiet wie Oberschlesien, dann ist dort heute die mittlere Lebenserwartung sieben Jahre geringer als in Bayern. Die Säuglingssterblichkeit in großen Teilen Polens ist achtmal so hoch wie bei uns. Sicherlich ist das eine Folge der Umweltbelastung, und zwar sowohl der Luft- wie der Wasserbelastung.

Versuchen wir eine Bilanz zu ziehen: Seit der Mensch begann, die natürlichen Ökosysteme zu beseitigen, um an deren Stelle Äcker, Städte und Fabriken anzulegen, hat er seine Umwelt aus ihrem natürlichen Gleichgewicht gebracht. Erst heute beginnen wir, die oft recht komplexen Zusammenhänge zwischen den verschiedenen Schadursachen und deren Wirkungen zu begreifen. Eingedenk der nahezu unbegrenzten Eingriffsmöglichkeiten des Menschen in die Natur – und nicht zuletzt angesichts der noch ständig steigenden Bevölkerungsdichte – sollten wir uns stets bewußt sein, daß diese Erde uns nicht gehört, sondern daß sie unserer Generation nur für einen sehr begrenzten Zeitraum anvertraut ist. Auch wenn dies großer Mühen und des Aufwands riesiger Kapitalmengen bedarf, muß es doch unser erklärtes Ziel sein, die Erde an die nächste Generation so weiterzugeben, wie wir sie von der Generation unserer Eltern erhalten haben.

Anton Rauscher

Wirtschaft und Ökologie aus der Sicht der christlichen Soziallehre[1]

In der Diskussion um die Erhaltung der Umwelt hat sich die Kirche frühzeitig zu Wort gemeldet. Am 14. Mai 1985 veröffentlichten der Vorsitzende der Deutschen Bischofskonferenz Kardinal Höffner und der Vorsitzende des Rates der Evangelischen Kirche in Deutschland Landesbischof Loose eine gemeinsame Erklärung mit dem Titel „Verantwortung wahrnehmen für die Schöpfung". Im Vorwort heißt es: „Die Bedrohung der Natur und Umwelt erschreckt viele Menschen in hohem Maße." So ist auch die Diskussion über diese Fragen von tiefen Gegensätzen bestimmt. Die Sorge um mögliche weitere Gefährdungen oder unzureichende Abhilfen hat Mauern des Unverständnisses geschaffen, die Trennungen und Konflikte mit sich bringen. Die gemeinsame Erklärung will an die biblischen Aussagen über die Schöpfung Gottes erinnern und auf ihre Aktualität hinweisen. Sie wirbt für eine nüchterne, aufgeschlossene und sachliche Diskussion. Die Bewältigung der Umweltprobleme ist eine gemeinsame Aufgabe, die bei allen eine Änderung des Verhaltens und ein neues Denken verlangt.

Das Bewußtsein, wie sehr unsere Umwelt durch die Lebens- und Arbeitsweisen in der Industriegesellschaft gefährdet ist, hat sich erst seit wenigen Jahren entwickelt. Es ist gerade 20 Jahre her, daß die von den arabischen Ländern vom Zaun gebrochene Ölkrise das Ende einer langanhaltenden Wachstumsphase der Weltwirtschaft markierte. Damals gab es autofreie Sonntage, und nicht wenige Zeitungen rechneten aus, ob nicht bereits in der zweiten Hälfte der 80er Jahre die Ölreserven der Welt erschöpft sein würden. Erinnert sei auch an die Mahnrufe, die der Club of Rome gegeben hat. Prominente Persönlich-

[1] Dieser Artikel findet sich in erweiterter und überarbeiteter Form in dem Werk „Glaube in Politik und Zeitgeschichte", hrsg. von Peter Langhorst und Georg Giebel, Schöningh Verlag, Paderborn 1995.

keiten aus Wirtschaft, Gesellschaft und Politik haben das Wirtschaftswachstum und die damit einhergehende Überflußgesellschaft kritisiert und davor gewarnt, wie bisher weiter zu machen. Die Ressourcen der Erde seien begrenzt und müßten auch den kommenden Generationen noch zur Verfügung stehen. Diese Vorgänge haben dazu beigetragen, daß allmählich Nachdenklichkeit eintrat.

In Deutschland, einem hochentwickelten Industrieland auf engem Raum, gab es die ersten Umweltinitiativen. Die Bundesregierung hat eine Reihe von Maßnahmen ergriffen. Erinnert sei an den Katalysator, der gegen die Widerstände in den übrigen europäischen Ländern durchgesetzt werden mußte. Erinnert sei ebenfalls an die Maßnahmen, die Kohle- und Ölkraftwerke mit den notwendigen Großfilteranlagen auszustatten, um auf diese Weise den Ausstoß von Schadstoffen zu verringern. Erinnert sei an die Vorschriften für die Industrie, um die vielfältigen Belastungen der Umwelt zu reduzieren. Wir sind uns bewußt geworden, daß die weitere Verschmutzung der Natur, der Meere und Flüsse durch Schadstoffe und giftige Abfälle, des Bodens durch Düngung und Überdüngung, der Luft durch Abgase das Leben der Menschen, insbesondere der Kinder und Kranken, gefährdet ist.

Dabei erreichen uns immer neue Hiobsbotschaften. Seit der Katastrophe von Tschernobyl hat sich bei vielen Menschen die Sorge und auch die Angst verstärkt, die friedliche Nutzung der Atomenergie könne eine Katastrophe auslösen und zum Ende menschlichen Lebens auf der Erde führen. In den letzten Jahren wurden wir immer wieder von großen Tankerunglücken aufgeschreckt, die weite Küstenlandschaften verseucht haben: in der Bretagne, in Spanien, in Alaska, neuerdings auch in England. Nicht minder problematisch sind die Ablagerungen von giftigem Müll, insbesondere von Industriemüll. Und viele Gemeinden und Regionen ringen mit der Frage: „Wohin mit dem Müll?“ und mit den Folgen für den Boden und die Wasserversorgung. Schließlich sind da noch die Meldungen über das Ozonloch und die Gefahr der zunehmenden Erwärmung der Erde.

Die noch zu Beginn der 70er Jahre ausgeprägte Wachstums- und Fortschrittseuphorie ist inzwischen umgeschlagen. Da ist zunächst einmal die Gruppe derer, die sich um die Umwelt und um die Natur große Sorgen machen. Sie weist auf die eminente Gefährdung des Lebensraumes für den Menschen hin, die Wissenschaft und Technik sowie die wachsende Industrialisierung und die dadurch bedingte Umweltverschmutzung heraufbeschwören. Zu dieser Gruppe gehören viele Christen, welche die Natur als Gabe Gottes an den Menschen wieder entdecken. Eine zweite Gruppe umfaßt jene, deren Einstellung zu Wissenschaft und Technik von einer tiefsitzenden Angst bestimmt wird. Weil man die technischen Prozesse und Abläufe nicht mehr zu durchschauen vermag, fühlt man sich abhängig von Fachleuten, ausgeliefert den sog. Technokraten. Man hat Angst, die atomare Technik, die moderne Großchemie und die Gentechnik könnten die Menschheit in Katastrophen hineintreiben. Daraus erwächst ein Kulturpessimismus. Wissenschaft und Technik gelten nicht mehr als Kräfte, die dem Menschen Freiheit von

Not, sondern eine neue Versklavung bringen. Da ist schließlich eine dritte Gruppe. Ihre Kritik richtet sich an die Wirtschaft, insbesondere an die Marktwirtschaft, die eine Überflußgesellschaft und die Wegwerfmentalität bei vielen Menschen bewirkt habe. Vor dem Zusammenbruch des Sozialismus liebäugelte man in dieser Gruppe mit den Verhältnissen im Osten wegen ihrer angeblichen Einfachheit. Inzwischen wissen wir, daß die Verschwendung der Ressourcen und die Belastungen der Umwelt nirgends so groß waren und sind wie in den ehedem sozialistischen Staaten – trotz der unzureichenden Versorgung der Menschen dort mit Gütern.

Damit komme ich zu einem zweiten Gedanken. Was den Schöpfungsbericht im Buch Genesis des Alten Testaments betrifft, der schon erwähnt wurde, so wird dem Menschen eine besondere Verantwortung für die gesamte Kreatur zugesprochen. Über die Stellung des Menschen im Kosmos heißt es in Genesis 1,26ff: „Dann sprach Gott: Laßt uns Menschen machen als unser Abbild, uns ähnlich. Sie sollen herrschen über die Fische des Meeres, über die Vögel des Himmels, über das Vieh, über die ganze Erde und über alle Kriechtiere auf dem Land. Gott schuf also den Menschen als sein Abbild; als Abbild Gottes schuf er ihn. Als Mann und Frau schuf er sie. Gott segnete sie, und Gott sprach zu ihnen: Seid fruchtbar, und vermehrt euch, bevölkert die Erde, unterwerft sie euch, und herrscht über die Fische des Meeres, über die Vögel des Himmels und über alle Tiere, die sich auf dem Land regen."

Man hat diese Aussage als Beleg dafür angeführt, daß das Christentum eine Hauptschuld treffe an der Umweltmisere in unserer Zeit. Karl Amery vertritt in seinem Buch „Das Ende der Vorsehung" die These, das Christentum habe entscheidend dazu beigetragen, daß der Mensch die Natur als Objekt seiner Herrschaft begreife und sie ausbeute. Er schreibt: „Jedem möglichen Zweifel über diese absolute und totale Überlegenheit steht Gottes Auftrag entgegen. Es ist der ausdrückliche Auftrag der totalen Herrschaft. Der Mensch wird gerufen, diese Erde zu erfüllen, sie sich untertan zu machen. Magische Auflagen sind damit nicht verbunden. D.h. es ist ihm völlig freigestellt, wie er diesen Auftrag vollzieht, Sonne und Mond sind Beleuchtungskörper, sonst nichts. Rohstoffe, Flora, Fauna sind ein Arsenal, über das er frei verfügt, sind Jagdterrain und Ernteacker."

Diese Anklage, die auch von anderen erhoben wird, ist durchdrungen von einem radikalen Mißtrauen gegen das Christentum, ja von einer Ablehnung der christlichen Offenbarung. Leider hat sich Amery gar nicht die Mühe gemacht einmal nachzufragen, was eigentlich im Schöpfungsbericht gemeint ist, wenn dort davon gesprochen wird, daß die Menschen die Erde bevölkern, sie sich unterwerfen und über die Tiere herrschen sollen. In der Heiligen Schrift bedeutet nämlich dieses Unterwerfen und dieses Herrschen keineswegs, daß der Mensch nun zum Souverän der Erde geworden wäre, daß er tun und lassen könnte, was ihm beliebt, daß er das Land bebauen oder auch zerstören, die Tiere pflegen oder auch vernichten könnte. Die Vorstellung einer totalen Herrschaft des Menschen liegt dem Alten und auch dem Neuen Testament völlig fern. Schon der Umstand, daß der Mensch von Gott gerufen wird, um jedem Tier seinen Namen zu geben, müßte hier nachdenklich stimmen. Offensichtlich hat dieser Vorgang damit zu tun, den Sinn der Schöpfung zu erfassen und ihn geistig-kulturell zu vollziehen.

Noch mehr: Das biblische Herrschen darf nicht vom Grundverhalt getrennt werden, wonach Gott die Erde den Menschen anvertraut hat. D.h. die Erde ist den Menschen vorgegeben, sie ist nicht sein Produkt, seine Schöpfung, über die er frei verfügen und über die er schalten und walten könnte. Der Mensch ist vielmehr verpflichtet, sie zu hüten, zu pflegen, zu bebauen, zu hegen, zu entwickeln und Kulturland aufzubauen. Ausdrücklich hebt der zweite, ältere Schöpfungsbericht auf diese Kulturaufgabe des Menschen ab in Genesis 2,6 und 23. So wie auch die Herrschaft Gottes im biblischen Sinn nicht etwa ein gewaltmäßiges Umgehen mit den Menschen bedeutet, sondern Fürsorge Gottes für den Menschen, so muß auch der Mensch über die ihm anvertraute Natur herrschen, nicht in dem Sinne, daß er damit nach Belieben verfährt, sondern indem er für sie sorgt.

Es ist interessant zu beobachten, daß diese Aussagen des Schöpfungsberichts bei den Kirchenvätern zu einer entsprechenden Überlegung über die Nutzung der Güter dieser Erde durch den Menschen geführt haben. Weil dem Menschen die Erde anvertraut ist, ist er auch nicht Eigentümer dieser Erde und der Güter, die sie enthält. Eigentümer, und das gehört zur langen Tradition des Christentums, ist Gott. Der Mensch hingegen ist nur Verwalter. Er hat dafür, wie er mit diesen Gütern umgeht, einmal Rechenschaft abzulegen vor Gott, dem Eigentümer. Dieses Eigentumsverständnis der Kirchenväter, das sich auch in den Schriften der großen Theologen des Mittelalters wiederfindet, steht im krassen Gegensatz zum Eigentumsverständnis, wie es in der Moderne geboren wurde. Die Französische Revolution und die folgende liberale Bewegung haben im Eigentümersein die Befugnis gesehen, mit einer Sache, mit einem Ding umgehen zu können, wie es beliebt. Diese Art von Autonomie des Menschen über die Erde, über die Güter dieser Erde, ist eigentlich völlig unbiblisch und unchristlich.

Woher kommt der Begriff der totalen Herrschaft, auf den Amery abstellt? Die Wende im Verständnis hängt mit einer Entwicklung des modernen Denkens zusammen. Während die christliche Tradition den Menschen als Abbild Gottes und als Person sieht, die für ihr Denken und Handeln in der Verantwortung vor Gott steht, wird der Mensch seit der Aufklärung als selbstbestimmte und unabhängige Größe verstanden, der niemandem Rechenschaft schuldet, es sei denn dem eigenen Volk. Das hat zur Folge, daß Nicolò Macchiavelli die Politik von der Ethik loslöste und zum Begründer jener Vorstellung wurde, wonach gut ist, was der Herrschaft nützt. Nicht nur das Zeitalter des Absolutismus, auch die modernen Diktatoren rechts und von links bedienten sich dieses Konzepts. Herrschen meint hier etwas völlig anderes als in der Heiligen Schrift und in der christlichen Tradition. Herrschen im modernen Sinne setzt den autonomen Menschen voraus, dem die Erde nicht mehr anvertraut ist, der über die Erde und ihre Güter radikal wie über Objekte verfügt. Wenn Amery diese Zusammenhänge richtig gesehen hätte, dann hätte er seine Vorwürfe nicht gegen den biblischen Schöpfungsbericht und gegen die christliche Tradition gerichtet, sondern gegen jene moderne Geistigkeit, die den Menschen als souverän sieht, losgelöst von seiner Verantwortung vor Gott für die Schöpfung. Die Auseinandersetzung mit diesem Zeitgeist steht noch aus. Die ökologische Problematik zwingt uns dazu.

Damit erreiche ich eine weitere Überlegung zum Verhältnis von Ökonomie, Ökologie und Ethik. Der Ethik kommt es ja darauf an, die verschiedenen Bereiche und die verschiedenen Probleme zusammen zu sehen, weil es uns nichts nützt, jeweils nur ein Problem, so wichtig das in der wissenschaftlichen Betrachtungsweise ist, zu beobachten und gleichsam andere ceteris paribus auszuklammern. Die Ethik steht immer vor dem Problem, wie kann, wie muß ich die verschiedenen Bereiche, die unterschiedlichen Probleme zusammenbringen und eine verträgliche Lösung finden.

Daß Ökonomie und Ökologie keine natürlichen Gegensätze darstellen, dies geht schon daraus hervor, daß Wirtschaften, wenn wir das griechische Wort „oikonomia" nehmen, immer schon die spar- und sorgsame Verwendung der Ressourcen einschließt. Eine Wirtschaft, die diesem Gebot widerspräche und die Rohstoffe verschwenden und vergeuden würde, wäre keine verantwortete Wirtschaft mehr. Das sog. ökonomische Prinzip, wonach der größtmögliche Nutzen mit dem geringstmöglichen Aufwand erzielt werden soll, besitzt eine ökologische Wurzel. Das Wort Ökonomie bringt nämlich unser deutsches Wort „Wirtschaft" in einen engen Zusammenhang mit dem Begriff des Haushaltens. Haushalten aber bedeutet den sparsamen Umgang mit den Ressourcen, mit den Gütern, die uns die Erde liefert, auch mit den Kräften, die notwendig sind, um wirtschaftliche Güter zu produzieren.

Lassen Sie mich einen Problembereich benennen, bei dem die Auffassungen heute besonders stark auseinandergehen. Brauchen wir Kernenergie? In Deutschland stellen die Kernkraftwerke ein Drittel der elektrischen Energie zur Verfügung. In Frankreich sind es 70 Prozent. Seit der Katastrophe von Tschernobyl sind nicht etwa Kernkraftwerke, die einen geringeren Sicherheitsstandard als die deutschen haben, stillgelegt worden – mit wenigen Ausnahmen in den ostdeutschen Ländern. Im Gegenteil, es sind neue Kernkraftwerke hinzugekommen, weitere befinden sich im Bau. Rußland und die Länder der ehemaligen Sowjetunion haben erst vor wenigen Monaten erneut ihre Absicht erklärt, verstärkt Kernkraftwerke zu bauen. Ähnlich verhalten sich vor allem jene Entwicklungsländer, die über keine oder nur geringe Ressourcen an Kohle und Öl verfügen. Wenn sie ihren Menschen eine Entfaltung ermöglichen wollen, dann sind sie auf Kernenergie angewiesen. Die manchmal hochgespielten Erwartungen, die Nutzung von Windkraft, der Gezeiten oder der Sonnenwärme könnte die Energieversorgung der Zukunft sichern, sind inzwischen zurückgeschraubt worden, weil von diesen Energiequellen auf absehbare Zeit eben doch nur ein geringfügiger Beitrag zur Deckung des gesamten Bedarfs erwartet werden kann.

Von der verfügbaren Energie hängt die Entfaltung der Menschen ab, nicht nur das physische

Überleben, sondern die Entfaltung in allen Lebensbereichen. Die Entwicklung der Länder in der Dritten Welt ist nur möglich, wenn die dafür notwendige Energie zur Verfügung steht. Ein ähnliches gilt für die ehemals sozialistischen Länder, die alle auf dem Wege sind, allmählich eine bessere, eine leistungsfähige Wirtschaft und Gesellschaft aufzubauen. Auch sie brauchen Energie, sehr viel Energie! Die Ethik steht vor der Frage, wie sie eigentlich diesen Gesamtzusammenhang sehen und bewerten will.

Könnte diese Energie für die Menschen in den Entwicklungsländern und in den ehemals sozialistischen Staaten durch Einsparmaßnahmen in den fortgeschrittenen Industrienationen gewährleistet werden? Selbst wenn man der Meinung wäre, dieses Solidaritätsopfer müsse gebracht werden – ohne Rücksicht auf die dadurch ausgelösten wirtschaftlichen und sozialen Verteilungskämpfe, von denen wir immer heftiger durchgeschüttelt werden –, so sollte man sich darüber im klaren sein, daß durch Sparen, daß durch Teilen dieses Problem voraussichtlich nicht zu lösen ist. Die verfügbaren Zahlen zeigen dies ganz deutlich. Wenn aber Sparen nicht in der Lage ist, den notwendigen Beitrag zur Deckung des Energiebedarfs in Europa und schon gar nicht weltweit zu leisten, wie steht es dann mit der Alternative: Können statt der Kernenergie die vorhandenen Bodenschätze an Kohle und Öl eingesetzt und die Industrie dazu verpflichtet werden, Verfahren zu entwickeln, um die Schadstoffbelastung weiter zu reduzieren?

Sind wir uns überhaupt der Größenordnung dieser Aufgabe bewußt? Selbst in der Bundesrepublik Deutschland, trotz aller bisher schon wirksamen Maßnahmen, werden immer noch ungeheure Mengen von Schadstoffen Jahr für Jahr in die Luft gestoßen, von denen nur gut ein Viertel auf den Autoverkehr entfällt. Diejenigen, die auf Kohle und Öl setzen, müssen erklären, wie sie die zunehmende Erwärmung der Erde und das Ozonloch vermeiden wollen. In dieser Situation wird natürlich die Frage laut: Gibt es eine andere Energie, gibt es Kernenergie, die verantwortlich genutzt werden kann? Diese Frage wird sicherlich zur Überlebensfrage! Die Gegner weisen auf das damit verbundene Risiko für die Menschheit hin. Diese Argumentation müssen wir sehr ernst nehmen. Dennoch stört die Tatsache, daß die Forderungen nach dem Ausstieg aus der Kernenergie sich im wesentlichen nur auf unser Land konzentrieren, nicht aber auf Länder, deren Kernkraftwerke einen ungleich niedrigeren Sicherheitsstandard haben und von denen – wie wir wissen – wenigstens 40 möglichst sofort abgeschaltet werden müßten. Es wäre eine Pseudoethik, wenn wir sagen würden, wir könnten zwar nicht die anderen Länder davon abhalten, ins Unglück zu laufen, aber wenigstens wir müssten diesen Knoten durchschlagen. Dies wäre keine Ethik mehr, dies wäre Falschspielerei.

Die Frage ist also, wenn Sparen grundsätzlich nicht genügt, wenn auch die Alternative der Ersatzrohstoffe im wesentlichen nur begrenzt anwendbar ist, kann überhaupt Kernenergie verantwortet werden? Das ist sicherlich eine Frage des Grundmaßes an Sicherheit. Aber wenn in der Welt heute schon 486 Kernkraftwerke in Betrieb sind, können wir unterstellen, daß in diesen Staaten die Regierungen und auch die Wissenschaftler unverantwortlich handeln? Oder müssen wir nicht die Frage anders stellen: Was müssen wir tun, damit die Kernkraftwerke in diesen Ländern den erforderlichen Sicherheitsstandard erreichen?

In der Ökologiediskussion ist nicht selten die Rede vom „Raumschiff Erde“. Dieses Bild will nahelegen, daß die Ressourcen ein für allemal begrenzt sind. Deshalb müßte auch der Frage, wie kann die Erde eingerichtet und gestaltet werden, so daß sie allen Generationen dient, unbedingte Priorität gegeben werden. Man könnte nun der Meinung sein, daß dieses Bild vom „Raumschiff Erde“ dem christlichen Begriff der Schöpfung korrespondiere. Denn Schöpfung bedeutet ja nicht nur die Abhängigkeit vom Schöpfer Gott, sondern eben auch die Begrenztheit des Irdischen, alles Menschlichen. Aber ist in dieser Betrachtungsweise nicht ein Denkfehler enthalten? Ist es nicht so, daß das Bild vom „Raumschiff Erde“ weniger dem christlichen Gedanken der Schöpfung zugeordnet werden kann, sondern sehr viel mehr einer innerweltlichen Autonomie und Statik Vorschub leistet? Der christliche Begriff der Schöpfung verbindet sich nämlich notwendig mit dem der Geschichte, die offen ist für Gott, auch für das Eingreifen Gottes in die Geschichte, auch für das Ende dieser Welt. Das Bild vom „Raumschiff Erde“ hingegen läßt uns viel eher an einen Kosmos denken, an eine rein innerweltlich zu verstehende und zu deutende Wirklichkeit, die ausschließlich von Menschen getragen und verantwortet wird. Wenn Gott nicht im deistischen Sinn verstanden und wenn die biblische Botschaft vom Weltende ernstgenommen werden soll, dann ist auch das Bild vom „Raumschiff Erde“ wenig hilfreich. Als Christen wissen wir, daß wir auf den Jüngsten Tag zugehen. Aber nur Gott bestimmt, wann und wie dieser Jüngste Tag sich ereignen wird und die Geschichte der Menschheit an ihr Ende gelangt. Nicht der Mensch darf darüber verfügen.

Lassen Sie mich abschließend einige Folgerungen darlegen. Was kann die Schöpfungstheologie zur Ökologiediskussion beitragen? Aus den bisherigen Überlegungen sollen drei Folgerungen gezogen werden.

(1) Die wichtigste Folgerung betrifft die Haltung und Einstellung des Menschen zur Natur. Diese Einstellung zur Natur war früher geprägt von einer tiefen Ehrfurcht, weil die Natur als Schöpfung Gottes angesehen wurde. Natur umfaßte die gesamte Schöpfung, auch den Menschen in der Generationenfolge. In der Moderne hat sich eine ganz andere Einstellung durchgesetzt. Es ist die Vorstellung vom autonomen Menschen, der über die Natur verfügen kann. Und seitdem Wissenschaft und Technik ihm auch noch die Instrumente und Mittel in die Hand gaben, seine Herrschaft im großen Stil auszuüben, dauerte es nicht mehr lange, bis die Ideologie der Machbarkeit sich ausbreitete. Die Umweltproblematik fordert uns auf, diese Ideologie und auch die Vorstellung von der Autonomie des Menschen abzustreifen und zurückzufinden zu einer erneuerten Ehrfurcht vor der Schöpfung. Ich wünsche mir, daß auch unsere jungen Menschen, die so begeistert auf Auto-

mobilausstellungen die Technik, die Motoren und alles, was damit zusammenhängt, bewundern, ebenso die Natur der Natur wieder entdekken lernen: Dort sind so viele Wunder da, die wir häufig fast gedankenlos übersehen. Nur wenn der Mensch die Ehrfurcht wieder lernt, wird er nicht der Hybris verfallen und sich einbilden, er selber wäre der Schöpfer dieser Welt. Ehrfurcht vor der Natur bedeutet auch, daß der Mensch wieder die von Gott gegebenen Ziele erkennt und achtet, daß er das Naturgesetz neu entdeckt, daß er nicht nur die Rechte, sondern auch die Pflichten, die sich daraus ergeben, einlöst. Wenn die Ehrfurcht vor der Natur als der Schöpfung Gottes wieder wächst, werden wir auch den rechten Umgang mit den Gütern dieser Welt praktizieren können, die uns anvertraut sind.

(2) Wir können uns keinen Raubbau leisten gemäß der Devise „Nach uns die Sintflut." Eine ökologische Wirtschaft wird sich primär mit der Frage befassen müssen, wie in allen Bereichen des Wirtschaftens gespart werden kann. An erster Stelle muß hier bedacht werden, daß die Menschen und auch die sozialen Institutionen nicht über ihre Verhältnisse leben dürfen. Verschuldungsprozesse, die auf konsumtiven Ausgaben beruhen, sind sowohl beim Bund, bei den Ländern und Kommunen, aber ebenso bei den Verbrauchern aus ökonomischen und ökologischen Gründen äußerst bedenklich. Die Tatsache, daß immer mehr Menschen dazu übergehen, Kredite bei Banken und Sparkassen aufzunehmen, ist kein gutes Zeichen und, wie ich meine, eine auch ökologisch nicht vertretbare Haltung. Sparen bedeutet die Vermeidung von Belastungen der Umwelt. Jeder einzelne, die Familie, die vielen Gruppen und Interessensorganisationen und die sozialen Institutionen müssen sich kritisch fragen, was sie dazu beitragen können, damit weniger Energie und Rohstoffe verbraucht werden, damit weniger Müll entsteht. Hier sind das Denken und die Verhaltensweisen der Menschen angesprochen. Vermutlich sind Einspareffekte größeren Ausmaßes nur durchsetzbar, wenn auch die Preise die Belastungen der Natur widerspiegeln. Preise dürfen nicht prohibitiv sein oder eigentlich politischen Zwecken dienen. Die Lasten, die durch die Umweltverschmutzung bedingt sind, bzw. die Kosten, die zur Vermeidung von Umweltschäden gebraucht werden, müssen von den Verursachern, nämlich den Produzenten und den Konsumenten, getragen werden. Wir müssen Technik und Wissenschaft einsetzen für sparsameres Wirtschaften. Technik und Wissenschaft sind nicht Feinde ökologischen Denkens und Verhaltens, sie müssen nur richtig genutzt und eingesetzt werden.

(3) Wir tragen Verantwortung für die Menschen, die mit uns leben, bei uns, in anderen Ländern, auf der Erde insgesamt, insbesondere auch für die künftigen Generationen. Das bedeutet, daß wir nicht nur an uns selbst denken dürfen, sondern daß wir vielmehr den Menschen helfen müssen, die in den Entwicklungsländern leben und die oft genug Hunger und Durst, Not und Elend leiden. Es gilt, in den dortigen Ländern solche Verhältnisse aufzubauen, daß die Menschen mit ihren eigenen Ressourcen ein menschenwürdiges Leben führen können. Dies schließt ein, daß das Anliegen der Bewahrung

der Schöpfung auch in den entwicklungspolitischen Bemühungen zum Zuge kommt. Wir müssen darauf achten, daß die Wirtschaft, die in den Entwicklungsländern auf- und ausgebaut werden soll, von den Denk- und Verhaltensweisen her so entwickelt wird, daß sie den ökologischen Anforderungen von heute entspricht. Wir brauchen Strukturen in Wirtschaft, Gesellschaft und Politik, die mehr und mehr nicht nur den sozialen, sondern auch den ökologischen Erfordernissen Rechnung tragen, und wir brauchen nicht ein Weniger, sondern ein Mehr an Moral und Ethik, an Verantwortung der Menschen und der Verantwortlichen in allen Lebensbereichen. Je stärker der religiöse Urgrund dieser Verantwortung aus dem Blickfeld der Menschen und der Öffentlichkeit entschwindet, je weniger unser Bewußtsein geprägt wird von der Einsicht, vor Gott einmal Rede und Antwort stehen zu müssen, wie wir mit den der gesamten Menschheit anvertrauten Gütern umgegangen sind, desto schwieriger wird es, die Schöpfung zu bewahren. Hier sind, wie ich meine, die Christen von ihrem Glauben her herausgefordert.

Heinz Häberle

Unberechenbare Natur

Die Umwelt, in der wir leben und von der unser Leben abhängt, ist eine sehr verletzliche, dünne Haut, die den Planeten Erde umhüllt. Wenn man sich die Erde mit einem Durchmesser von einem Meter vorstellt, dann wäre unsere Umwelt – vom tiefsten Ozean bis in die höchste Atmosphäre – weniger als fünf Millimeter stark. Dieser verletzliche, dünne Mantel ist sowohl der Dynamik des Erdinnern ausgesetzt wie auch den Einflüssen aus dem Weltraum. In dieser Schicht bestehen zahllose komplexe Wechselwirkungen zwischen dem Land, den Ozeanen und der Atmosphäre.

Unsere Umwelt ist ein Ort wechselnden Geschehens. In den vergangenen 4,5 Millarden Jahren wanderten die Vegetation, Wüsten, Wälder und Seen über die Erde, Pflanzen und Tiere sind aufgetaucht und wieder verschwunden, feuchte und trockene, heiße und kalte Perioden mit Eiszeiten sind gekommen und gegangen, vulkanische Aktivitäten und Erdbeben traten unvorhersehbar auf.

Bis vor kurzem schienen diese globalen Zusammenhänge von unbekannten Kräften angetrieben. Die Gesetze, durch welche die verschiedenen global wirksamen Systeme verbunden sind, wurden vom Menschen nicht verstanden. Die Wirkungen, die Veränderungen eines Parameters für das Gesamtsystem haben, waren unbekannt. Erst in den letzten Jahren sind wissenschaftliche Methoden entwickelt worden, um das globale System in interdisziplinären Anstrengungen zu erforschen. Trotz all des wissenschaftlichen Instrumentariums, das wir heute zur Verfügung haben, sollte klar sein, daß wir es hier mit komplexen, nichtlinearen Systemen zu tun haben, daß diese Untersuchungen also nur kurzzeitig gültige Vorhersagen erlauben, daß langfristig gültige Prognosen aber prinzipiell unmöglich sind.

Das Studium der Umwelt als komplexes System beginnt mit der kurzwelligen Strahlung der Sonne. Ein Teil der Sonnenstrahlung erwärmt die Erde und wird dadurch in langwellige Strahlung umgewandelt. Ein anderer Teil interagiert mit Spuren-Gasen oder wird in den Weltraum zurückgestrahlt. Die lang- und kurzwellige

Strahlung interagiert mit den Wolken, und die Wolken werden durch Konvektions-Winde transportiert. Regen ist ein sehr wichtiger Bestandteil im Zusammenspiel von Energie und Wassertransport Die Bodenfeuchte und das Grundwasser beeinflussen das komplexe System zusätzlich.

Ein weiterer bedeutender Faktor ist das Zusammenwirken zwischen den Ozeanen und der Atmosphäre. Der Wellengang der Meere, das Gleichgewicht von Wasser und Eis sowie die Wassertemperatur sind von großem Einfluß auf den globalen Wasserdampf und die Verteilung des Kohlendioxids (CO_2). Alle diese Einflußgrößen bewirken das verletzliche Gleichgewicht, das Leben in unserer Umwelt möglich macht.

Das Leben auf der Erde wird ebenfalls durch die Sonnenstrahlung bestimmt: Die grünen Pflanzen reichern durch die Photosynthese Kohlenstoff in der Form komplexer organischer Verbindungen an. Durch Oxidation werden diese organischen Verbindungen wieder in den anorganischen Zustand Kohlenoxid, Kohlendioxid und Methan rückgewandelt. Diese Wechselwirkungen müssen zusammen mit den komplexen Einflüssen der menschlichen Aktivitäten berücksichtigt werden, z.B. um die beobachtete Zunahme von Kohlendioxid und Methan in der Atmosphäre zu verstehen, die den Treibhaus-Effekt verursacht. Dabei scheinen vor allem die menschlichen Aktivitäten das Potential für weitere dramatische Veränderungen der Chemie auf der Erde zu haben.

Heute stellt sich die Frage, was wir aus diesen Beobachtungen der Umwelt lernen können. Erstens können wir versuchen, ein tieferes Verständnis der Natur zu erlangen. Zweitens können wir versuchen, die Stellung des Menschen in dieser Natur zu verstehen, und drittens können wir darüber nachdenken, was zu tun ist, um das Gleichgewicht der Natur nicht zu stören.

Zum ersten Punkt haben wir gelernt, daß die Natur und die Umwelt nicht determiniert ist, das heißt, daß sie nicht mechanisch funktioniert wie eine Maschine. Vorhersagen können als „wahr" nur mit einer gewissen Wahrscheinlichkeit gelten; die Zukunft existiert lediglich als Möglichkeit; sie ist nicht wie ein Paket Spielkarten, die wir nacheinander aufdecken. Bisher existieren die Karten für unsere Zukunft noch nicht einmal.

Weiter haben wir gelernt, daß die Natur ein komplexes System ist. Komplex bedeutet nicht nur kompliziert. Komplizierte Probleme können durch Computer gelöst werden, komplexe Probleme dagegen prinzipiell nicht! Wenn ich – zum Beispiel – ein Blatt Papier fallen lasse, dann können dessen Bewegungen auch von dem größten Computer, der sich denken läßt, nicht berechnet werden.

In der Physik zeigen alle Systeme mit mehr als drei Freiheitsgraden dieses chaotische Verhalten. Soziale und ökologische Systeme haben weit mehr als drei Freiheitsgrade und sind deshalb wirklich komplexe Systeme.

Solche komplexen Systeme nähern sich normalerweise in ihrem wahrscheinlichsten Zustand, und dieser Zustand ist Unordnung – Chaos. Wenn wir ein Paket Spielkarten mischen, werden wir die ursprüngliche Ordnung nicht zurückerhalten. Wenn wir Milch in den Kaffee schütten, werden wir sie nicht wieder trennen können.

Was aber ist der Grund dafür, daß wir noch immer höchst geordnete Zustände in der Natur vorfinden? Warum finden wir Kohle und Ölfelder in einer Lagerstätte und Eisen an der anderen Stelle? Warum können wir die Entstehung und das Verschwinden hoch geordneter organischer Strukturen beobachten? Was ist der Grund der ganzen Evolutionsgeschichte? Wie kommt das empfindliche Gleichgewicht zwischen Chaos und Ordnung in der Umwelt zustande?

Um Ordnung zu schaffen, braucht man eine ordnende Hand. Diese ordnende Hand in der Umwelt ist die Strahlung der Sonne. Es ist nicht die Energie, denn die Erde strahlt dieselbe Menge Energie in den Weltraum wie sie von der Sonne erhält – es ist die Qualität dieser Strahlung. Wir nennen dies „Syntropie“. Für die Physiker unter Ihnen ist sie die negative „Entropie“, die Sie als ein Maß für die Unordnung kennen. Syntropie ist die treibende Kraft allen Lebens und aller Schöpfungen auf der Erde. Wir alle leben von der Syntropie! Sie bewirkt das Wachstum der Pflanzen. Pflanzen werden von Tieren gefressen. Und die Menschheit ist Teil dieser Kette.

Die Natur nutzt Syntropie sehr ökonomisch. Mit einer Handvoll Reis kann ein Mensch solch schöne Formen von Unordnung schaffen wie ein Gedicht oder ein Symphonie.

Ordnung zu schaffen ist ein langwieriger, empfindsamer Prozeß. Der Rückfall ins Chaos ist zumeist viel schneller. Von einem Künstler verlangt die Schaffung einer schönen Skulptur viel mehr Zeit als ihre Zerstörung.

Was ist nun also der Platz des Menschen in dieser Natur? Unsere Wirtschaft ist primär nicht abhängig von der Strahlung der Sonne. Wir beziehen unsere Syntropie aus der Kohle, aus Erdöl und aus Erdgas. Nochmals: Es ist nicht die Energie, die wir nutzen; Energie verbleibt nomalerweise in Form von Wärme. Wir nutzen die Syntropie der Sonne, die sich in 100 Millionen Jahren abgelagert hat. Und wir verbrauchen sie in 100 Jahren, also eine Million mal schneller. Wir erschöpfen die Syntropie und machen daraus Rest-Wärme. Und dabei ist sie so wertvoll: ein Kilogramm Steinkohle ist das Äquivalent von drei Tagen menschlicher Arbeit – nicht in Geld ausgedrückt, sondern in Einheiten von Syntropie.

Eine andere Quelle der Syntropie, die wir nutzen, ist die noch viel ältere nukleare Energie.

Mit diesen Quellen an Syntropie hat der Mensch die Fähigkeit erlangt, die Natur zu beeinflussen. Er beschleunigt die natürlichen Prozesse, und durch den Mißbrauch von mehr und mehr Syntropie nimmt die Unordnung zu. Es ist so, als ob ein Bergsteiger zu schnell geht. Normalerweise wählt und prüft er jeden Schritt sehr sorgfältig. Wenn er sich nicht die angemessene Zeit nimmt, wird er abstürzen. In einem komplexen System ist es normal abzustürzen, aufsteigen aber kostet Zeit. Unsere Erde schaffte und testete unsere Umwelt einschließlich der Menschen 4,5 Milliarden Jahre lang Schritt für Schritt sehr sorgfältig, deshalb scheint die Natur so robust zu sein. Trotzdem ist sie nicht beliebig stabil. Wenn wir die Dinge zu schnell ändern, kann das System sehr schnell zu einem chaotischen Zustand umkippen. Die Menschheit ist Teil des komplexen Systems der Natur, einschließlich all seiner Leistungen, einschließlich der Industrie, und deshalb sollte sie sich den Gesetzen komplexer Systeme entsprechend verhalten.

Dies ist aber leichter gesagt als getan und führt uns deshalb zum dritten Teil: Was können wir tun, um das Gleichgewicht der Umwelt nicht zu stören? Wir haben gelernt, daß die Erde ganz besonderen Bedingungen ausgesetzt und das Gleichgewicht der Natur sehr verletzlich ist – und die Menschen sind Teil dieser Natur.

Und dies muß nicht getan werden aus Mitleid mit der Natur oder aus Dankbarkeit für „Mutter Erde". Es ist vor allem in unserem eigenen Interesse – weil wir überleben wollen. Es ist nur vernünftig, den Ast auf dem wir alle sitzen, nicht abzusägen, schon gar nicht mit der heutigen Geschwindigkeit unseres Wettbewerbs.

Dies bedeutet jedoch keinesfalls, dieser phantastischen Schöpfung, die sich in 4,5 Milliarden Jahren entwickelte und die wir Umwelt nennen, nicht ihre Referenz zu erweisen.

Nochmals: Was sollte zur Unterstützung der Sustainability unternommen werden?

Wenn wir solch schwierige Fragen haben, wenden wir uns normalerweise an unsere Wissenschaftler; sie sind Fachleute für Vorhersagen; sie sollten fundierte Studien veranlassen, und sie sollten Antworten darauf finden.

Berücksichtigt man jedoch, was wir über komplexe Systeme gelernt haben, kann ich nur sagen: „Vergiß es!" Unsere Naturwissenschaftler sind so ausgebildet, daß sie Antworten nur dann geben können, wenn sie sicher sind, zumindest mit einer gewissen Wahrscheinlichkeit. In komplexen Systemen können wir aber nie sicher sein.

Ein besserer Weg, um diese komplexen Systeme zu verstehen, besteht darin, aus unserem traditionellen Wissen, von unserer Kultur und aus den Weltreligionen zu lernen. Sie lehren uns Verhaltensregeln, die uns sehr wohl zu Sustainability führen können, selbst wenn wir sie nicht verstehen.

Nach Darwins Lehre erscheinen die alten Werte wie Liebe, Mitleid, Zusammenarbeit, Solidarität und Toleranz auf den ersten Blick als negative Faktoren in der Evolution. Auf lange Sicht – das zeigt auch die Spieltheorie – sind Modelle der Kooperation besser geeignet, Sustainability zu gewährleisten.

Von diesen alten Modellen können wir sehr praktische Regeln lernen, wie man sich gegenüber komplexen Systemen verhalten kann:

- Wir sollten die Zahl der Wahlmöglichkeiten (Optionen) erhöhen. Dadurch haben wir mehr Alternativen zur Auswahl, wenn wir in Schwierigkeiten geraten.
- Wir sollten immer versuchen, die Flexibilität zu erhalten und zu vergrößern, weil sie unsere Anpassungsfähigkeit und dadurch die Sustainability erhöht.
- Wir sollten alle unsere Tätigkeiten auf dezentralisierte und verteilte Weise organisieren, denn wenn ein Teil zerstört wird, ist davon nie das ganze System betroffen.
- Alle unsere Maßnahmen sollten berücksichtigen, daß wir nie genau wissen, was dadurch ausgelöst wird.
- Wir sollten uns gemäß dem natürlichen Grundsatz von „Versuch und Irrtum" (trial and error) verhalten. Dies sollte ein entspanntes Spiel sein, in dem wir nicht alle unsere

Eier in einen Korb legen, sondern verschiedene Möglichkeiten probieren, um zu sehen was geschieht.

– Wir sollten uns die notwendige Zeit zugestehen und uns in Geduld üben, um die Entwicklung der verschiedenen Optionen beobachten und daraus die richtigen Schlüsse ziehen zu können.

Mit diesen Regeln im Kopf entstehen jedoch große Zweifel und Fragen: „Haben wir genügend Zeit, dieses Spiel so entspannt zu spielen, und rennen wir mit der Versuch-Irrtum-Methode nicht in Katastrophen?“ Meine Antwort lautet: „Unsere Chancen, das Spiel auf diese Weise zu gewinnen, sind besser, als mit Höchstgeschwindigkeit in die falsche Richtung zu rennen. Sogar Katastrophen, jedenfalls dann, wenn sie nicht zu groß sind, könnten uns besser in die richtige Richtung führen, als wir es durch vernünftiges Nachdenken schaffen würden.“

Angesichts dieser Regeln denke ich, daß die Menschheit ohne große Reflexion grundlegende Fähigkeiten zur intuitiven Aufnahme des richtigen Verhaltens besitzt. Könnte unser Gefühl für Schönheit nicht ein Maß für Sustainability sein? Ist dieses Gefühl nicht ein verläßliches Maß für das richtige Gleichgewicht zwischen den verschiedenen Faktoren und Einflüssen, die im Ausgleich gehalten werden sollen?

Diese Art von Fragen ist für unsere Zukunft von essentieller Bedeutung. Diese Fragen zu studieren, bedeutet nicht weniger als in gemeinsamer Anstrengung von Wissenschaft und Künsten eine neue Ethik zu entwerfen, welche die Umwelt einschließt.

Aber: Vorausgesetzt wir hätten diese neue Ethik der Sustainability.

– Wie sollte sie verwirklicht werden?
– Wer sollte sie verwirklichen?
– Wer sollte verantwortlich sein?
– Wer sollte die Initiative übernehmen?

Ich denke, wir werden weder Stärke noch Einfluß noch Macht benötigen.

Vor allem müssen wir unser Verständnis von Komplexität verbessern. Wir müssen ein Gefühl für sehr stark aufeinander bezogene Prozesse gewinnen. Dann können wir über die Schritte nachdenken, die zu gehen sind:

Wenn wir das Spiel gewinnen wollen, dann könnte einer der ersten Schritte sein, die Bedingungen und Regeln unserer gegenwärtigen Wirtschaftsweise zu ändern; denn alle unsere gegenwärtigen ökonomischen Systeme basieren auf Theorien aus dem letzten Jahrhundert, als die Umwelt noch als „unendlich“ angesehen wurde.

Die „neue Wirtschaft“ muß die Natur einschließen. Aber wie kann dies bewirkt werden? Gewiß nicht durch eine einzige große weltweite Anstrengung. Das ist nicht die Art und Weise, in der die Natur arbeitet. Wir müssen die Richtung allmählich in kleinen Schritten ändern.

Manche Leute meinen, sie müßten auf den heutigen Märkten mehr Geld verdienen, um zusätzliche Kosten für die Umwelt bezahlen zu können. Dies ist gewiß der falsche Weg. Dies würde entsprechenden Grundgesetzen der Physik gemäß zu größerem Chaos führen.

Preise für den Verbrauch von Natur freizusetzen, könnte vielleicht ein besserer Weg sein. Mein Vorschlag ist, mit der Energie zu begin-

nen, denn viele unserer gegenwärtigen Probleme hängen mit der Energie zusammen und es würde sehr helfen, wenn wir den Energieverbrauch reduzieren könnten.
Lassen Sie uns über verschiedene Modelle nachdenken:
Wenn wir den gegenwärtigen Energieverbrauch in gleiche Teile auf uns alle verteilen würden, erhielte jeder 1,5 Tonnen Steinkohle pro Jahr. Das ist ungefähr ein Viertel unseres gegenwärtigen Verbrauchs oder ein Siebtel des Verbrauchs in den USA oder das Siebenfache des Verbrauchs in Bangla Desh. Was würde passieren? Wäre dies eine Katastrophe für unsere Wirtschaft? Ich kann mir vorstellen, daß wir unser Leben noch immer genießen würden, wenn jeder für sich entscheiden könnte, wie er seinen Energie-Anteil einsetzen möchte. Dabei sollten wir uns erinnern, daß diese Energie die Arbeit von 15 Sklaven repräsentiert (wiederum nicht in Geld ausgedrückt, sondern in Syntropie-Einheiten).
Einige Dinge würden sich durch diese Methode jedoch dramatisch verändern: Ein Flug über den Atlantik würde – als Beispiel – das gesamte Energie-Guthaben für ein Jahr aufzehren. Könn ten Sie sich vorstellen, wo Sie unter diesen Bedingungen Ihren nächsten Urlaub verbringen werden? Dieses Modell spart allerdings noch keine Energie ein, sondern ändert nur die Verteilung.
In einem weiteren Modell könnten wir den Energiepreis um den Faktor 3 oder 4 erhöhen. Wäre dies eine Katastrophe? Wenn dieses Geld genutzt würde, z.B. um neue Methoden energiesparender Produktion und der Niedrig-Energie-Technologien zu entwickeln, könnte dies zu neuer internationaler Wettbewerbsfähigkeit führen. Dieses Modell hat den zusätzlichen Vorteil, daß wir nicht auf globale Entscheidungen warten müssen. Es kann im internen Haushalt einer einzigen Unternehmung beginnen.
Ein drittes Modell kann bei den Kommunen angewendet werden, die jetzt Elektrizität und Gas an ihre Bürger verkaufen. Heute können sie ihre Einnahmen erhöhen, indem sie mehr verkaufen, und sie fördern deshalb den Verbrauch. Einige Gemeinden haben jetzt ein sehr gescheites Modell begonnen: Sie verkaufen Dienstleistungen statt Material. Wenn sie im Haus des Kunden z.B. vertraglich eine bestimmte Temperatur garantieren und dafür ihr Geld erhalten, dann verdienen sie mehr, wenn es ihnen gelingt, die für die vereinbarte Temperatur erforderliche Menge an Elektrizität oder Gas zu vermindern, d.h. die Einnahmen steigen mit sinkendem Materialverbrauch. Und dies ist gleichzeitig im Interesse von Ökologie und Ökonomie.
Diese Marketing-Strategie kann in vielen verschiedenen Bereichen eingeführt werden. Zum Beispiel würde der Verkauf von Transport-Leistungen anstelle von Autos die Anzahl der hergestellten Wägen und damit die notwendigen Rohstoffe ebenso reduzieren wie den Abfall, ohne die Wertschöpfung des Transportsektors zu vermindern. Im allgemeinen führt uns dieses Modell in eine stärker an Service-Leistungen orientierte Zukunft. Schon Aristoteles wußte: „Wirklicher Reichtum bedeutet nicht, die Dinge zu besitzen, sondern sie zu benutzen.“
In diesem Sinne sind wir alle eingeladen, neue ökologie-orientierte Markt-Strategien zu entwerfen. Wir sollten nicht auf große Entschei-

dungen oder globale Abmachungen warten; wir sollten in unserem lokalen Einflußbereich beginnen. Je besser unser Gefühl für die wechselseitigen Abhängigkeiten der verschiedenen Faktoren im komplexen System unserer Umwelt ist, desto besser werden die neuen Lösungen sein, die wir erdenken können. Laßt uns beginnen, unser Gefühl für komplexe Systeme zu trainieren.

Hans Zehetmair

Kultur als Standortfaktor

I

„Bayern ist ein Kulturstaat." Mit diesen vier Worten in Artikel 3 der Bayerischen Verfassung hat unser Volk vor bald einem halben Jahrhundert den Schlußstrich unter ein bedrückendes Kapitel seiner Geschichte gezogen. Die Väter der Verfassung wollten keinen Zweifel daran lassen, daß Bayern nach zwölf Jahren totalitärer Herrschaft zu seinen Traditionen zurückgekehrt war. Das Kulturstaatsprinzip, das in den Einleitungsvorschriften der Bayerischen Verfassung ausdrücklich verankert ist, gehört zu den wichtigsten Staatszielbestimmungen. Alle Staatsregierungen der Nachkriegszeit haben konsequent an seiner Verwirklichung gearbeitet. Ihre Anstrengungen wurden und werden ergänzt durch die vielfältigen Aktivitäten der Gemeinden und Gemeindeverbände, der Kirchen und ungezählter privater Träger. Der Kulturstaatsgrundsatz ist in Bayern kein bloßes Programm geblieben, sondern lebendige Wirklichkeit geworden.

Als das Kulturstaatsprinzip 1946 zum Staatsziel erhoben wurde, dachte wohl niemand daran, daß man im kulturellen Leben eines Tages einen Wirtschaftsfaktor sehen würde. Damals ging es vor allem darum, sich unmißverständlich und endgültig von den Verwüstungen zu distanzieren, die der nationalsozialistische Ungeist gerade auch in der Welt der Kunst und der Wissenschaft angerichtet hatte. Heute dagegen ist jeder daran gewöhnt, die wirtschaftlichen Aspekte des Kulturlebens bei kulturpolitischen Überlegungen mitzuberücksichtigen. Der Kulturbetrieb bietet ja nicht nur – mittelbar oder unmittelbar – einer großen Zahl von Mitbürgern eine Erwerbstätigkeit. Das kulturelle Umfeld hat auch bei Standortentscheidungen von Wirtschaftsbetrieben erhebliche Bedeutung. Und diese Bedeutung wird noch größer, wenn man die benachbarten Bereiche Bildung, Wissenschaft und Forschung einerseits, Freizeit und Sport andererseits in die Betrachtung mit einbezieht.

Das kulturelle Umfeld wird heute allgemein den „weichen" Standortfaktoren zugerechnet. Es ist eine Eigenart dieser Faktoren, daß sich ihre Auswirkungen auf das wirtschaftliche Geschehen in den einzelnen Betrieben und im Gesamtgefüge der Volkswirtschaft meist nicht unmittelbar quantitativ erfassen lassen. Meine Überlegungen werden daher mehr grundsätzlicher Art sein. Zum einen möchte ich Ihnen darlegen, wie die Bayerische Staatsregierung die Bedeutung des Standortfaktors „Kultur" beurteilt. Zum anderen werde ich Ihnen die Konsequenzen erläutern, die sich aus dieser Beurteilung ergeben.

II

In den vergangenen Jahrzehnten hat sich Bayern zu einem außerordentlich attraktiven Wirtschaftsstandort entwickelt. Ohne Übertreibung läßt sich von einem wirtschaftlichen Höhenflug sprechen, den unser Land – nicht zuletzt als Frucht einer planvollen Wirtschaftspolitik – erlebte. Aber auch Bayern muß in zunehmendem Maß um die Sicherung und den Ausbau dieser Erfolge kämpfen. Die Konkurrenz im Standortwettbewerb ist groß; sie ist sowohl durch die Wiederherstellung der staatlichen Einheit Deutschlands als auch durch den Übergang zum EG-Binnenmarkt gewachsen. Es gibt keine „Standortlorbeeren", auf denen wir uns ausruhen könnten.

Zu den großen Aktivposten, die Bayern in den Standortwettbewerb einbringen kann, gehören ein leistungsstarker Mittelstand, das hohe Qualifikationsniveau unserer Arbeitskräfte, eine gut ausgebaute, leistungsfähige Verkehrs-, Energie- und Telekommunikations-Infrastruktur, aber auch der ausgeprägte soziale Friede in unserem Land. Die Auswirkungen solcher Faktoren auf das wirtschaftliche Geschehen lassen sich auf die eine oder andere Art zumindest teilweise rechnerisch erfassen. Es leuchtet ein, daß dies für das kulturelle Umfeld nicht in gleicher Weise zutrifft. Wir wissen aber, daß gerade dieser Faktor die Standortentscheidung von Investoren maßgeblich mitbestimmt. Zum einen läßt sich qualifiziertes Personal einschließlich der Führungskräfte in Orten, die ein attraktives Kulturleben anbieten, leichter gewinnen und halten. Zum anderen motiviert ein interessantes kulturelles Umfeld die Mitarbeiter in erheblichem Maß. Kurz gesagt, die Attraktivität des Standorts steigert auch die Attraktivität seiner Wirtschaftsbetriebe. Nebenbei bemerkt: Die Zeiten, in denen sich die Kultur zu den Arbeitsplätzen und Wirtschaftsstandorten hinbewegt hat, sind längst vorbei. Seit Jahren und Jahrzehnten orientieren sich die Standortentscheidungen der Unternehmen ganz wesentlich am Vorhanden- oder Nichtvorhandensein von infrastrukturellen Angeboten, vom Kindergarten über das Schulwesen und den Hochschulbereich bis hin zur Vielfalt sonstiger kulturellen Einrichtungen.

Deshalb ist es folgerichtig zu sagen: Das kulturelle Umfeld ist Teil der Infrastruktur einer Region. Das ist der Bayerischen Staatsregierung ebenso bewußt wie den Verantwortlichen in den Kommunen. Deshalb betrachten wir unseren Auftrag, ein vielfältiges kulturelles Angebot zu sichern, nicht nur unter dem Gesichtspunkt des Kulturstaatsprinzips. Es erwächst auch aus der Verantwortung für den Wirtschaftsstandort Bayern.

III

Ein tragender Grundsatz der bayerischen Kulturpolitik ist seit Jahrzehnten, das Kulturleben im Land nicht ausschließlich über die staatliche Verwaltung zu steuern; seine Gestaltung wird, wo immer das möglich ist, den Kommunen und freien Trägern überlassen. Diese Politik beruht auf dem *Subsidiaritätsprinzip,* das nicht zuletzt im geltenden Verfassungs- und Kommunalrecht zum Ausdruck kommt und für das gerade unser bisheriger Ministerpräsident auch auf europäischer Ebene gekämpft hat; ich brauche hier nur das Stichwort „Maastricht" zu erwähnen. Im bayerischen Kommunalrecht wird die Wahrnehmung öffentlicher Aufgaben ganz bewußt in erster Linie der örtlichen Gemeinschaft, das heißt der Gemeinde zugewiesen. Nur diejenigen Bereiche, die sich auf Gemeindeebene nicht wirksam ordnen lassen, nehmen die übergeordneten Verbände wahr: die Landkreise, sodann die Bezirke und erst in letzter Linie der Staat. Ziel dieser Konzeption ist es, die Bevölkerung für eine verantwortungsvolle Mitarbeit an Aufbau und Gestaltung des Gemeinwesens zu gewinnen.
Gerade in der Kulturarbeit zeigt sich besonders eindrucksvoll, wie richtig dieser Gedanke ist. Der Kulturbereich ist einer der wichtigsten Freiräume, den die Kommunen haben. Hier prägt sich ihr eigenständiges Profil. Je weniger die Kommunen dabei von staatlichen Mitteln – und das heißt auch: von staatlicher Kontrolle – abhängig sind, desto freier bleiben sie in ihren Entscheidungen. Die große Verantwortung, welche die Kommunen und ihre Bürger hier gemeinsam tragen, stärkt ihr Zusammengehörigkeitsgefühl und bewahrt die Identität einer Gemeinde.
Was ich eben über die Kulturarbeit der Kommunen gesagt habe, gilt im wesentlichen auch für die freien Träger der Kulturpflege. Unter diesen darf ich in diesen ehrwürdigen Räumen besonders die Kirche, daneben aber auch die zahlreichen weltanschaulich neutralen Organisationen erwähnen, die sich auf dem einen oder anderen Feld der Kulturarbeit mit großem Einsatz engagieren. Der Staat unterstützt die freien Träger der Kulturpflege finanziell, mischt sich aber nicht in die Einzelheiten ihrer Arbeit.

Das Subsidiaritätsprinzip begünstigt die Entfaltung eines vielseitigen Kulturlebens. Gerade diese *Vielfalt* ist ein Wert, den die Bürger unseres Landes und ihre Gäste ebenso zu schätzen wissen wie potentielle Investoren. Ihre Erhaltung liegt – nicht zuletzt unter europäischen Vorzeichen – im staatlichen Interesse. Diesem Gesichtspunkt müssen wir auch bei staatlichen Förderungsmaßnahmen Rechnung tragen.
Der Anteil der öffentlichen Ausgaben für den Kulturbereich ist in Bayern von jeher groß. Seit Jahrzehnten fließt bei uns fast jede dritte Mark des Staatshaushaltes in Bildung, Wissenschaft und Kultur. In dieser Zahl sind die Aufwendungen der Gemeinden und Gemeindeverbände noch nicht einmal enthalten. Großzügigkeit im Kulturbereich hat in Bayern Tradition. Wir werden ihr treu bleiben, auch wenn der Finanzierungsspielraum, bedingt durch die gesamtwirtschaftliche Entwicklung, spürbar knapper wird. Das sind wir vor allem unserem Selbstverständ-

nis als Kulturstaat schuldig. Aber planvolle Kulturpolitik ist eben auch Förderung des Wirtschaftsstandortes, ist im Ergebnis Infrastrukturpolitik. Anders ausgedrückt: Aufwendungen im Kulturbereich sind Investitionen für die Zukunft. Es hat mich in den letzten Wochen im Kabinett einige Mühe gekostet im Zuge der Beratungen über das Milliardenprogramm zur Förderung des Wirtschaftsstandortes Bayern deutlich zu machen, daß wir nicht in erster Linie mit Subventionen arbeiten können, sondern daß wir vor allem die infrastrukturellen Voraussetzungen für eine erfolgreiche Wirtschaftspolitik schaffen müssen.

In diesem Zusammenhang stellt sich die grundsätzliche Frage, ob die öffentliche Hand ihre Gelder „nach dem Gießkannenprinzip" gleichmäßig über das ganze Land verteilen darf oder gar soll. In anderen deutschen Ländern scheint dies teilweise üblich zu sein. Ich lehne eine solche Praxis strikt ab, da sie nach meiner Überzeugung zwangsläufig mit Nivellierung und Qualitätsverlust verbunden ist. Vielmehr kommt es darauf an, alle Landesteile je nach ihrer Eigenart zu fördern. Die bestehenden, teils international bedeutenden Kulturzentren sind als solche zu erhalten. Ich verweise auf das naheliegende Beispiel der Landeshauptstadt München: Eine ganze Reihe von Standortentscheidungen um München herum hängt davon ab, ob die Oper eine der besten der Welt bleibt oder nicht und ob wir mit den Planungen für unsere Museumsbauten fortfahren können. Ebenso müssen wir aber auch unsere kleineren Städte und Dörfer in ihrer kulturellen Eigenständigkeit stärken. Im ganzen Land sind gleichwertige, aber nicht gerade gleichartige Lebensbedingungen zu schaffen. Nur so kann es uns gelingen, alle Regionen Bayerns als eigenständige Lebensräume zu profilieren und die Verpflichtung zu erfüllen, die uns die Schöpfer der Bayerischen Verfassung von 1946 ausdrücklich auferlegt haben: „Das wirtschaftliche und kulturelle Eigenleben im Bereich der Gemeindeverbände ist vor Verödung zu schützen." – Eine bemerkenswerte Aussage, die ihre Aktualität nie verloren hat.

Um Mißverständnisse zu vermeiden: Wir wollen die kulturelle Eigenständigkeit der Regionen stärken. Das heißt aber nicht, daß wir der Herausbildung eines irgendwie gearteten Provinzialismus Vorschub leisten dürften. Ganz im Gegenteil: Gerade weil die Grundlinie der bayerischen Kulturpolitik darin besteht, die großen Städte ebenso wie die eher ländlichen Gebiete je nach ihrer Eigenart zu fördern, sind wir bestrebt, jede Region in die kulturelle Gesamtentwicklung einzubeziehen. Jeder Bewohner unserer Landes soll die Möglichkeit haben, sich mit dem kulturellen Gegenwartsschaffen auseinanderzusetzen und es womöglich mitzugestalten.

Neben den Begriffen „Subsidiarität" und „Vielfalt" umschreibt das Wort *Dezentralität* eine dritte Grundlinie der bayerischen Kulturpolitik. Daß die Kulturarbeit der freien Träger, besonders unserer Kommunen im wesentlichen „vor Ort" angesiedelt ist, folgt schon aus dem Subsidiaritätsgedanken. Aber auch der Staat sucht in den Bereichen der Kulturarbeit, für die er unmittelbar zuständig ist, den engen Kontakt mit der örtlichen Ebene. Ich greife, um dies zu verdeutlichen, drei Bereiche „Bildende Kunst",

„Museen“ und „Bibliothekswesen“ heraus. Entsprechende Grundsätze gelten in allen Gebieten der Kulturarbeit.
Zunächst also zur *Bildenden Kunst.* Selbstverständlich sind es nach wie vor hauptsächlich die großen Städte, die Kunstfreunde und bildende Künstler aus allen Teilen des Landes anziehen. Insbesondere die Landeshauptstadt München ist eine Kunstmetropole von Weltrang; es wäre abwegig, ihre Bedeutung zugunsten anderer Standorte schmälern zu wollen. Ich bin traurig genug, daß die Verantwortlichen der Stadt dies nicht erfassen und der Staatsregierung häufig sogar noch den Vorwurf machen, sie vernachlässige ihre Pflichten gegenüber München.
Konkret meint der Begriff „Dezentralität“, daß wir z.B. das Ausstellungswesen landesweit gezielt fördern. Mittlerweise gibt es überall in Bayern – und das heißt: auch außerhalb der großen Kunstzentren – leistungsfähige Kunstvereine. Sehr gern betone ich in diesem Zusammenhang, daß es nicht selten die kleinen Vereine im Lande sind, die mit ihrer ambitionierten Arbeit außerhalb der großen Zentren wichtige Akzente in der vielseitigen bayerischen Kunstszene setzen. Das Kultusministerium verfolgt diese Bestrebungen mit besonderer Aufmerksamkeit, und es freut mich, wenn ich durch Zuschüsse zu ihrem Gelingen beitragen kann.
Die Aktivitäten der Kunstvereine werden durch Veranstaltungen der regionalen Berufsverbände bildender Künstler und der kommunalen Körperschaften ergänzt. Erfreulicherweise entwikkeln gerade kleinere Gemeinden auf dem Gebiet der Gegenwartskunst sehr bemerkenswerte Initiativen, deren Wirkung über die Region hinausreicht. Durch mein Haus lasse ich derartige Veranstaltungen gezielt fördern.
Sodann verweise ich auf das Künstlerhausprogramm, das besonders den Künstlern außerhalb der großen Zentren zugute kommen soll. Wenn eine Gemeinde, ein Landkreis oder ein Bezirk geeignete Räume zur Einrichtung eines Künstlerhauses zur Verfügung stellt und ein Künstlerverband oder Künstlerhausverein den laufenden Unterhalt gewährleistet, kann das Ministerium einen staatlichen Zuschuß in Höhe von grundsätzlich 100.000 DM gewähren. Das erste dieser Künstlerhäuser konnte vor einigen Jahren in Schwandorf eröffnet werden. Es hat sich zu einem künstlerischen Schwerpunkt der gesamten Oberpfalz entwickelt und bestätigt die Richtigkeit des Förderungskonzeptes. In ähnlicher Weise finden wir Künstlerhäuser in Würzburg, Fürstenfeldbruck und Passau.
Von den Hilfen für die Bildende Kunst, die das ganze Land erreichen, erwähne ich schließlich noch das seit über 100 Jahren eingerichtete Programm zur Förderung und Pflege der Bildenden Kunst. Der Staat kann einen Zuschuß gewähren, wenn eine Gemeinde, ein Landkreis, ein Bezirk oder eine entsprechende kirchliche Einrichtung ein Kunstwerk im öffentlichen Raum aufstellen lassen möchte und bei einem in Bayern lebenden Künstler in Auftrag gibt.
Ein weiteres Beispiel für die Umsetzung der Dezentralität in unserer Kulturpolitik sind die *Museen.* Hier möchte ich zunächst die Förderung nichtstaatlicher Museen hervorheben, die wir im ganzen Land finden, außerhalb der Ballungsräume insbesondere in Form der Heimat- und Freilichtmuseen. Ihre Zahl ist inzwischen

auf rund 850 in Bayern angestiegen. Für ihre Bedeutung und Förderung hat der Freistaat die Landesstelle für nichtstaatliche Museen eingerichtet. Ihr stehen nunmehr jährlich sieben Millionen DM zur Verfügung.
Besonders anschaulich wird die dezentrale Museumspolitik an den staatlichen Zweigmuseen. Überall im Land wollen wir den reichen Museumsbesitz zugänglich machen, ohne die Anziehungskraft der großen, international bedeutenden staatlichen Sammlungen in München zu schmälern. Derzeit gibt es 37 solcher Museen in allen Teilen Bayerns; es ist mein Ziel, insgesamt ca. 50 Zweigmuseen zu schaffen. Daß dieses Angebot von der Bevölkerung auch angenommen wird, zeigen die kontinuierlich anwachsenden Besucherzahlen.
Unser Museumskonzept darf ich Ihnen an einem besonders aktuellen Beispiel veranschaulichen. Vor wenigen Tagen konnten wir nach wochenlangen Verhandlungen erreichen, daß wir zur Verrechnung mit einer Erbschaftssteuerschuld Kunstgegenstände des Hauses Thurn und Taxis im Wert von über 40 Millionen DM in staatliches Eigentum übernehmen. Wir werden diese Kunstgegenstände, deren Bedeutung für Bayern nicht hoch genug eingeschätzt werden kann, nicht in erster Linie nach München holen, sondern wollen in Regensburg, im Schloß Thurn und Taxis, ein staatliches Zweigmuseum errichten, dessen Bestände durch Leihgaben des Fürstenhauses ergänzt werden sollen. Die Kunstgegenstände bleiben also an dem Ort, mit dem sie geschichtlich verbunden sind, in der alten Reichsstadt Regensburg. Bei der Errichtung des Zweigmuseums arbeiten wir mit dem Fürstenhaus und der Kommune eng zusammen – ein Musterbeispiel für unsere Grundlinie einer dezentralen Kulturpolitik.
Zum wichtigen Bereich des *Bibliothekswesens:* Der Auf- und Ausbau der Büchereien in ganz Bayern bildet einen Schwerpunkt unserer Kulturpolitik und ist auch als wirtschaftlicher Standortfaktor von höchster Bedeutung. Es gehört zu den gemeindlichen Aufgaben des eigenen Wirkungskreises, öffentliche Büchereien einzurichten. Sache des Staates ist es demgegenüber, durch übergreifende Planung und wirksame Anreizförderung dafür Sorge zu tragen, daß ein systematischer Auf- und Ausbau der öffentlichen Bibliotheken auch außerhalb der großen Zentren gewährleistet ist. Der Freistaat Bayern liegt hierbei mit seiner Förderungspolitik innerhalb der Spitzengruppe in Deutschland.
Durch die erheblichen Leistungen aller Büchereiträger und der staatlichen Unterstützung hat das Bibliothekswesen in Bayern einen außerordentlichen Aufschwung genommen. Innerhalb von 25 Jahren ist der Bestand in den nichtstaatlichen öffentlichen Büchereien um mehr als das Dreifache angewachsen. Jeder siebte Einwohner Bayerns ist heute als Leser einer öffentlichen Bücherei eingetragen. Die Gesamtaufwendungen der Büchereiträger und die staatlichen Zuwendungen betragen heute das Zehnfache des Jahres 1965. Infolge der finanziellen und ideellen Anstrengungen aller Verantwortlichen und Beteiligten sind öffentliche Büchereien heute nicht nur Ausleihstellen; sie sind Orte der Begegnung sowie Mittelpunkte des kulturellen Lebens – auch und gerade in den Gebieten, die außerhalb der bekannten Kultur-

zentren liegen. Bitte berücksichtigen Sie diesen Aspekt: In unserer Gesellschaft gibt es nicht mehr viele Begegnungsmöglichkeiten; auch die Bereitschaft zum Gespräch ist stark zurückgegangen. Vor diesem Hintergrund kann man die Bedeutung der öffentlichen Bibliotheken nicht hoch genug einschätzen.

Ich möchte mich auf diese Beispiele beschränken. Sie machen deutlich: Wir wollen die Verpflichtung unseres Kulturstaates so umsetzen, daß nicht nur einige wenige Zentren erreicht werden, sondern das ganze Land attraktiv wird. Die Erfolge tragen auf ihre Weise dazu bei, den Standort Bayern zu erhalten.

Es ist nur folgerichtig, wenn wir diesen Kurs auch im Verhältnis zum Bund, zu unseren Nachbarländern und gegenüber der Europäischen Gemeinschaft einhalten. Neben die Grundsätze „Subsidiarität", „Vielfalt" und „Dezentralität" tritt daher als vierte Säule der bayerischen Kulturpolitik die entschiedene Betonung von Föderalismus und Regionalismus: Nach innen fördert Bayern das kulturelle Eigenleben seiner Region; nach außen arbeiten wir mit Partnerländern in benachbarten Staaten eng zusammen.

Unser Ziel ist das Europa der Regionen, das wir bereits jetzt in Ansätzen verwirklichen und auf das wir auch im Rahmen der europäischen Einigung hinwirken. Jeder Zentralismus gefährdet die kulturelle Eigenständigkeit und damit die Vielfalt, die einen guten Teil der Attraktivität unseres Landes ausmacht. Unser Einsatz für eine Mitverantwortung der Regionen im künftigen Europa wird daher nicht zuletzt dem Kulturbereich zugutekommen. Im vergangenen September hatte ich Gelegenheit, Deutschland auf einer EG-Ministerratssitzung in London zu vertreten und gegenüber dem britischen Premierminister Major unsere Vorstellung von einem Europa der Regionen unter Berücksichtigung des Subsidiaritätsprinzips zu erläutern. Ich halte es für außerordentlich wichtig, bei unseren europäischen Partnern um Verständnis für unsere Position zu werben. Wir werden diese Bemühungen weiterhin fortsetzen.

IV

Meine Damen und Herren, in meinen Ausführungen habe ich mich bisher auf den Bereich der Kultur im engeren Sinn beschränkt. Das gesamte Bildungswesen bis hin zu Wissenschaft und Forschung habe ich ebenso ausgeklammert wie den Sport, dessen Bedeutung in unserer Freizeitgesellschaft ständig wächst. Es bedarf aber kaum eines Hinweises darauf, daß die am Ort vorhandenen Bildungseinrichtungen im größeren Zusammenhang der „weichen" Standortfaktoren einen hervorragenden und nicht selten auch ausschlaggebenden Rang einnehmen. Ich möchte daher auch hierzu wenigstens exemplarisch einige Punkte nennen.

Der große wirtschaftliche Aufschwung, den der Freistaat Bayern in den letzten 40 Jahren erlebt hat, beruht zu einem ganz wesentlichen Teil auf der Bildungspolitik in unserem Land. Grundlage dieses Aufschwungs war ein begabungsgerechtes, weil differenziertes Schulwesen und eine solide Bildungspolitik mit festen Grundsätzen, die wir im Bayern der 70er Jahre zu Zeiten

eines Hans Maier durchgehalten haben, obwohl wir vielfach als „Ewiggestrige“ kritisiert und belächelt wurden.
In Bildungsfragen gelten die gleichen Grundsätze wie in der Kulturpolitik: Dies gilt etwa für die Prinzipien der Stärkung der Regionen und der Dezentralität. Jedes Kind und jeder Jugendliche muß die Möglichkeit haben, in einer zumutbaren Entfernung die Schule seiner Wahl zu besuchen. Nicht zuletzt zu diesem Zweck haben wir in Bayern allein in den Jahren 1963 bis 1990 83 neue Gymnasien und 116 neue Realschulen gebaut. Die Attraktivität der Regionen wird damit auch für die Wirtschaft erhöht.
Auch beim zügigen Ausbau der Fachhochschulen wird dieser Schwerpunkt der Regionalisierung deutlich. In acht neuen Standorten werden insgesamt 5.000 neue Studienplätze geschaffen. Gerade mit der Gründung neuer Fachhochschulen kommen wir dem Bedarf der Wirtschaft entgegen; wir stärken aber auch durch ein dichteres Netz die Bedeutung der Regionen. Gerade die Diskussion um die Standorte der Fachhochschulen hat übrigens sehr deutlich gezeigt, in welchem Ausmaß Bildung zum Wirtschaftsfaktor geworden ist. 25 Städte in den verschiedenen Regionen Bayerns haben sich bei uns beworben, um Fachhochschuleinrichtungen aufzunehmen. Die Vertreter der Wirtschaft haben uns immer wieder versichert, daß von den Fachhochschulen entscheidende Impulse für die Entwicklung der Region ausgehen. Ähnliche Erfahrungen haben wir in Bayern ja schon mit den neugegründeten Landesuniversitäten etwa in Bayreuth, Bamberg, Regensburg und Passau gesammelt.
Schule muß vor allem die kulturellen, religiösen und wissenschaftlichen Traditionen und Werte sowie eine solide Allgemeinbildung vermitteln, auf die auch ein zukünftiger Arbeitgeber sich verlassen kann. Eine ständige Änderung der Lehrpläne, ein Hinterherlaufen hinter flüchtiger Aktualität wäre hier der falsche Weg.
In der Hochschule muß es vor allem darum gehen, die Fähigkeit zum Transfer weiterzuentwickeln. Keiner kann alles lernen, aber ein Student muß in der Lage sein, das Gelernte auf ganz neue Situationen anzuwenden. Interdisziplinäres Denken wird in der Zukunft zunehmend gefragt sein. In Bayern haben wir mit den verschiedenen Forschungsverbünden zwischen Universitätsinstituten und Wirtschaft ganz neue Wege beschritten, die auch die Bedeutung des Standortes Bayern unterstreichen.
Natürlich dürfen junge Menschen niemals zu bloßen Werkzeugen für die Effizienzsteigerung der Wirtschaft herabgewürdigt werden. Aber ebensowenig dürfen wir uns der Erkenntnis verschließen, daß der hohe Leistungs- und Wissensstand der bayerischen Bevölkerung einen beachtlichen Standortvorteil darstellt. Ihn gilt es zu erhalten und auszubauen.

Alois Glück

Ökologie und ländlicher Raum

In diesen Tagen wurde häufig daran erinnert, daß Bayern 1970 als erstes Bundesland den Umweltschutz als wichtige politische Aufgabe erkannt und entschlossen umgesetzt hat, zunächst in Form der Gründung eines eigenen Ministeriums. Ich habe mich selbst vor einigen Jahren gefragt, warum ist eigentlich ausgerechnet Bayern, warum ist ausgerechnet die CSU als erste politische Kraft, lange bevor es z.B. die Grünen gab, auf den Gedanken gekommen, daß Natur und Umweltschutz wichtige Zukunftsaufgaben sind und daß hier ein ganz neuer politischer Akzent gesetzt werden muß. Wer sich die damalige Umweltdiskussion vor Augen hält, wird schnell feststellen, z.B. auch in den Reden des damaligen ersten Umweltministers in Bayern, Deutschland und Europa, Max Streibl, daß eine ganz enge Verbindung zwischen dem Gedanken der Heimat und dem Naturschutz existiert. Den großen Anstoß von außen brachte das europäische Naturschutzjahr 1970, Naturschutz in erster Linie als Aufgabe des Schützens und des Bewahrens zu sehen.

Umweltschutz ist ein urkonservatives Gedankengut mit vielen Parallelen zum Denkmalschutz. So gesehen ist es eigentlich nicht verwunderlich, daß Menschen, daß eine Partei, daß Gruppierungen, die sich dem Heimatgedanken, dem Schutz der Heimat, dem Schützen schlechthin besonders verbunden fühlen, früher eine „Antenne“ dafür hatten, daß die moderne Entwicklung neue Gefährdungen bringt und gleichzeitig neue Aufgabenstellungen notwendig macht.

Der Naturschutz hat sich weiterentwickelt. Schon Mitte der 70er Jahre dominierte nicht mehr der Aspekt des Schützens wie bei der Errichtung der Naturschutzparks, sondern es rückte stärker das Gedankengut der Ökologie in den Vordergrund. Im Laufe der Zeit erkannte die Politik, daß man erfolgreich nur schützen kann, wenn die Zusammenhänge von Abläufen in der Natur bekannt sind. Einzelne Tierarten können nur erfolgreich geschützt werden, wenn man den Lebensraum schützt. Aus dem Schutzgedanken heraus entwickelte sich die Diskussion

hin zu den Themen und den Erkenntnissen der Ökologie, wobei die noch alle sehr bruchstückhaft waren.
Das Ergebnis war, zu lernen, in den Zusammenhängen der Natur, in den Lebensgesetzen, in den Organisationsstrukturen der Natur zu denken. Das heißt, es wurde unversehens aus einer stark kulturellen Diskussion mit angestammter Geisteshaltung und Wertpositionen eine Fachdiskussion im Sinne naturwissenschaftlicher Zusammenhänge. Damit ergaben sich Veränderungen bis ins politische Spektrum hinein.
Die dritte Phase der Umweltdiskussion wurde zunehmend eine gesellschaftskritische Diskussion, weil man entdeckt hat, daß die Fragen des Natur- und Umweltschutzes ein Stück weit immer lauten: Wie wollen wir morgen leben? Inwieweit müssen wir uns korrigieren, damit die Nachkommen Zukunftschancen haben? Damit wurde fast zwangsläufig eine gesellschaftskritische Diskussion geführt, die das Fachthema als solches benutzt, um generell Gesellschaftskritik zu betreiben. Umweltschutz wurde zum Teil als Hebel betrachtet, um die Gesellschaftsordnung als solche in Frage stellen zu können. Die meisten Gedanken aus dieser Zeit sind vergessen. So gab es einmal ernsthafte Diskussionen, ob nicht eine Ökodiktatur nötig ist. Im linken Spektrum gab es Gesellschaftsentwürfe, die gewissermaßen unter dem Vorwand der Ökologie eine andere Gesellschaftsordnung wollten.
Heute befinden wir uns in einer Phase – und die wird anhalten – tiefgreifender struktureller Veränderungen in unserer Wirtschaft. Wir werden alle Kräfte mobilisieren müssen, daß wir die ökonomischen Probleme der 90er Jahre bewältigen, um als Wirtschaftsstandort an der Spitze bleiben. Wir werden täglich mehr mit schwierigen Nachrichten aus der Welt der Ökonomie konfrontiert.
In dieser Situation muß der Stellenwert des Umweltschutzes und des Naturschutzes neu definiert werden. Umweltverbände haben es heute sehr viel schwerer, mit ihren Anliegen, mit ihren Vorschlägen oder mit ihrer Kritik in die Medien zu kommen wie vor drei, vier oder fünf Jahren. Umweltschutz rangiert zwar in den Umfragen bei der Bevölkerung nach wie vor relativ weit oben, aber er hat nicht mehr den Spitzenrang.
Es wäre allerdings fatal, wenn wir angesichts der ökonomischen Probleme die ökologischen Anliegen vernachlässigen würden. Es gilt nach wie vor für unseren Lebensraum, daß zwar in den letzten zwanzig Jahren enorm viel erreicht wurde, daß wir aber auch bei uns noch nicht so leben und wirtschaften, daß dauerhaft hoher Lebensstandard und gesunde Umwelt miteinander vereinbar wären.
Dramatisch dagegen ist die Situation im neuen Teil Deutschlands, in den ehemaligen kommunistischen Gebieten und in den Entwicklungsländern. Es wäre extrem kurzsichtig, wenn wir wegen aktueller wirtschaftlicher Probleme wichtige Anliegen des Natur- und Umweltschutzes vernachlässigen würden. Eine Politik nach dem Motto: Wir schauen jetzt, daß wir unsere Probleme lösen, die Nachkommen müssen halt schauen, wie sie damit zurechtkommen, wenn wichtige Maßnahmen im Bereich des Natur- und Umweltschutzes verschleppt wurden, kann nicht unser Ziel sein.

Der Natur- und Umweltschutz muß sich wie jeder andere Politikbereich in den nächsten Jahren immer wieder die Frage stellen, ob die Prioritäten stimmen, ob die Effizienz eingesetzter Mittel richtig ist. Dies zeigt das Beispiel, daß es nicht sinnvoll ist, moderne Kläranlagen für die Ausfällung von Stickstoff nachzurüsten. Es ist sehr viel sinnvoller, im Hinblick auf die Entlastung der Umwelt ländliche Räume dort zu kanalisieren oder eine Kläranlage zu bauen, wo noch gar keine vorhanden ist. Ein weiteres Beispiel ist die Luftreinhaltung, die mit ungeheurem Aufwand die letzte meßbare Einheit herausfiltert, während mit demselben Geld in anderen Feldern des Umweltschutzes ungleich mehr für die Entlastung der Umwelt erreicht werden könnte.

Die Umweltpolitiker und die Umweltschützer scheuen solche Diskussionen, weil die Umweltdiskussionen nach wie vor mit hohem Mißtrauen beladen sind. Heute wird jeder, der in dieser Weise diskutiert sehr schnell mit der Frage konfrontiert, wie man es sich leisten könne, für weniger Umweltschutz zu sein. Diese Angst- und Mißtrauenskampagnen im Umweltschutz gab es immer und sie wirken leider weiter.

Dabei gibt es eine besondere Diskrepanz in den Erfolgen zwischen dem technischen Umweltschutz und dem Naturschutz. Wir haben im technischen Umweltschutz bei der Luftreinhaltung mit der Großfeuerungsanlagenverordnung und beim Auto mit der Entwicklung des Katalysators, aber auch bei der Gewässerreinhaltung ganz beachtliche Fortschritte gemacht. Es ist jetzt eine Frage der richtigen Strategie und der richtigen Anreizsysteme, daß der Umweltschutz endgültig aus der Reparaturabteilung in die Planungsabteilung kommt, d. h. daß zu Beginn aller planerischen Überlegungen der Umweltschutz voll integriert wird und es damit wirklich zu einer Entkoppelung von Wirtschaftsentwicklung und -belastung kommt. Ein erfolgreiches Beispiel hierfür ist der Bereich Hausmüll durch das Bayerische Abfallwirtschaftsgesetz. Hier haben sich Entwicklungen als realisierbar gezeigt, wenn auch mit sehr hohem finanziellen Aufwand, die selbst vor zwei Jahren im Zusammenhang mit dem Volksbegehren für nicht möglich gehalten wurden. Dies wird durch die Zahlen aus meinem Heimatlandkreis Traunstein verdeutlicht: Vor gut zwei Jahren fielen noch über 100.000 Tonnen Hausmüll für die Deponie an; heute sind es weniger als 40.000 Tonnen. Mit einem sehr hohen finanziellen Aufwand für die Wertstoffverwertung und -sortierung konnte dies erreicht werden. Daß eine solche Entwicklung vor allem durch einen Bewußtseinswandel in der Bevölkerung möglich ist, hätte ich selbst vor wenigen Jahren nicht für möglich gehalten.

Im Bereich des Naturschutzes ist es sehr viel schwerer, die Geschwindigkeit des Alpensterbens überhaupt zu verlangsamen. Gestoppt werden kann es als geschichtlicher Prozeß sowieso nicht. Der Naturschutz hat es sehr, sehr schwer, auch in der Administration und der Politik, weil Naturschutzanliegen fast immer Konfliktanliegen sind. Es ist uns kaum gelungen, auf diesem Feld durchgreifende Verbesserungen zu erreichen. Das Hauptproblem scheint mir zu sein, daß im Umgang mit der Natur – ganz im Gegensatz zum technischen Umweltschutz – unsere gewohnten Denkkategorien und unsere bisherige Sprache nicht erfolgreich einsetzbar ist. Man kann den Wert einer Artenvielfalt nicht messen, wiegen und zählen. Naturschutzpolitik lebt in hohem Maße von der Einstellung. Problemlösungen können nicht durch mehr Technik und Geld erreicht werden, sondern es trifft unsere Einstellung und unsere Verhaltensweisen. Jeder weiß, daß dies ungleich schwieriger ist, als ein bißchen Geld abzuzweigen und Techniker einzusetzen.

Der Ausgangspunkt unserer Naturschutzpolitik und Umweltpolitik in Bayern war die enge Verzahnung mit der Herkunft aus dem Heimatgedanken. Andererseits muß man aber feststellen, daß auch heute noch in aller Regel die Menschen, die sich für den Naturschutz engagieren und die Menschen, die sich für den Heimatgedanken engagieren, für Traditionspflege etwa in den Traditionsvereinen sehr unterschiedliche Denkkategorien haben. Sie haben es häufig sehr schwer sich zu verständigen, obwohl sie eigentlich in hohem Maße gemeinsame Zielsetzungen haben, nämlich die Heimat als Lebensraum zu erhalten und zu gestalten. Die Traditionsvereine, die sich dem Heimatgedanken in besonderer Weise widmen, haben bis heute überwiegend den Naturschutz als Aufgabe kaum entdeckt. Sie engagieren sich kaum in dem Bereich. Es ist nicht selten so, daß Menschen, die einerseits in ihrer ganzen Lebensart und ihrem Denken konservativ sind, bewahren wollen, etwa im Sinne von Brauchtum, sehr leicht auch wieder bei den Technokraten zu finden sind, wenn es um Erschließungsprojekte geht.

Umgekehrt sind Menschen, die im Naturschutz engagiert sind, relativ häufig in Kreisen anzutreffen, die sich dem Heimatgedanken widmen. Es gibt natürlich auch Gemeinsamkeiten, auch etwa im Zusammenwirken der Organisationen, aber es ist die Ausnahme und nicht die Regel. Dies geschieht in der Regel nur auf einer Spitzenebene der Organisationen und es geschieht kaum im ländlichen Bereich.

Die Impulse für den Umweltschutz und den Naturschutz im ländlichen Raum, in unseren Dörfern und Landgemeinden kamen überwiegend nicht von den Einheimischen und Ortsansässigen, sondern von Zugezogenen oder von Menschen, die sich teilweise in dem Raum aufhalten. Das hat auch zunächst viele Konflikte beschert. Als Beispiel ist die Ausweisung des Nationalparks im Berchtesgadener Land zu nennen. Vor allen Dingen auswärtige Menschen oder Menschen, die zugezogen sind, für die es also nicht der ursprüngliche Lebensraum war, haben diese Entwicklungen forciert. Dadurch sind Konflikte mit den Einheimischen entstanden, denn diese haben den Eingriff in ihren Lebensraum als Beschränkung ihrer Entwicklungsmöglichkeiten empfunden. Zum Teil haben natürlich Menschen, die dort ihren Zweitwohnsitz besitzen oder für die dieser ländliche Raum nur Erholungsraum ist, das Bedürfnis, daß dieser Raum in erster Linie unverfälschter Ruheraum ist. Sie erwarten weniger einen Lebensraum, in dem eben Wohnen, Arbeiten, Bildung und all diese Dinge Platz finden müssen und der deshalb bestimmte Erschließungsmaßnahmen erfordert. Das hat bis heute nicht selten die Situation des Natur- und Umweltschutzes erschwert, weil die Meinungsbildner der einheimischen Bevölkerung oft nach wie vor Natur- und Umweltschutz sehr skeptisch betrachten. Sie sehen darin mehr oder minder den Verhinderer vom Dienst, weil er die Entwicklungsmöglichkeiten des eigenen Raumes nur begrenzt und weil Natur- und Umweltschutz häufig auch in der Tat nur so erlebt wird. Deswegen wäre es ganz besonders wichtig, daß wir den Naturschutzgedanken in den Heimatgedanken einbetten. Vielleicht sollten nicht nur die ökologischen Aktivitäten und Zielsetzungen, sondern auch die ökonomischen Zielsetzungen in der Weise in den Heimatgedanken eingebracht werden, daß Heimat natürlich dann nicht nur heißt, Pflegen und Bewahren, sondern gleichzeitig diese Heimat, diesen Lebensraum so zu gestalten, daß er auch morgen und übermorgen ein gesunder Lebensraum sein kann. Dazu gehören sowohl der Schutz der natürlichen Lebensgrundlagen wie auch vernünftige wirtschaftliche Entwicklungsmöglichkeiten, wobei das Maß der Entwicklung so sein muß, daß dieser Raum auch morgen und übermorgen also für unsere Kinder und Enkel ein reizvoller Raum bleibt.

Der Begriff „Kulturlandschaft“ ist dabei ein Schlüsselbegriff. Kulturlandschaft im Unterschied zur Urlandschaft. Diese Kulturlandschaft muß man als Kulturgut begreifen und entsprechend damit umgehen. Wir sollten mit dem Kulturgut Kulturlandschaft so umzugehen, wie wir mit anderen anerkannten Kulturgütern umgehen, also zunächst eine natürliche Hemmung haben. Diese Hemmung ist bei den meisten Menschen vorhanden, vor allem bei denjenigen, die in ihrem Lebensraum verwurzelt und beheimatet sind. Wenn wir mit der natürlichen Hemmung im Sinne von Wertschätzung mit unserer Kulturlandschaft umgehen, dann glaube ich, haben wir eigentlich den richtigen Maßstab. Naturschutz darf natürlich nicht rein konservierend sein.

Ein weiterer Gedanke ist eine deutlichere Unterscheidung zwischen Ökologie und Naturschutz. Naturschutz ist im Grunde genommen eine Wertvorstellung. Zwei Beispiele verdeutlichen dies. Das erste Beispiel aus meinem Heimatlandkreis: In einer Gemeinde besaß früher die Brauerei einen Torfstich, der jetzt ein Feuchtbiotop ist. Im Winter haben die Einheimischen sich dort zum Eisstockschießen oder Eislaufen getroffen und nun wollte man eine zweite Eisbahn anlegen. Die Naturschützer hielten dies für völlig unmöglich, ein Feuchtgebieteingriff in eine 6d-Fläche wird nicht erlaubt. Laut Naturschutzgesetz darf nicht eingegriffen werden. Drei Tage später war ich in der Gegend von Forchheim und habe dort mit dem Kollegen aus der Landtagsfraktion eine Pflegemaßnahme besichtigt. Mit hohem staatlichen Mitteleinsatz wird die frühere Nutzungsform eines am Hang liegenden Trockenbiotops durch Mähen oder Schafbeweidung aufrechterhalten. Auf diese Weise soll die Artenvielfalt bewahrt bleiben. Im Gegensatz zu dem, was vorher beim Feuchtgebiet behauptet wurde, sollte die Natur hier nicht sich selbst überlassen bleiben. Denn hätte man sie sich selbst überlassen, dann wäre das Trokkenbiotop natürlich verbuscht. Durch die Verbuschung hätten sich eine ganz andere Pflanzengesellschaft und damit ganz andere Lebensgesellschaften ergeben. Aus der Gegenüberstellung dieser Beispiele wird deutlich, daß wir nicht streng ökologisch denken. Denn dann hätte in beiden Fällen gelten müssen, die Natur sich selbst zu überlassen. Genau genommen werden immer sehr wertbezogene Entscheidungen getroffen nach Vorstellungsbildern, die allerdings in der Zeit sehr wandelbar sind. Häufig sind solche Entscheidungen auch innerhalb der Fachdiskussionen davon geprägt, welchem Teil der Natur man sich besonders verpflichtet fühlt. Sind z.B. das eigene Hobby und die eigene Spezialität die Orchideen, dann müssen Landschaftspflegemaßnahmen in jedem Fall so gemacht sein, daß auch, wenn sich die bisherigen Nutzungsformen verändert haben, die Orchideen erhalten bleiben. Liegt die Spezialität beim Vogelschutz, wird vielleicht eine ganz andere Priorität gesetzt und sind die Amphibien im Mittelpunkt der eigenen Überlegung, hat man vielleicht wieder andere Maßstäbe. Hierin liegt die Gefahr, sein Teil, vielleicht sein Lieblingsstück in der Natur als Ganzes auszugeben. Dieses ist im Grunde genommen nicht ökologisches Denken, sondern es ist sehr partielles Denken. Mir kommen sehr oft Zweifel, wenn ich z.B. auf meinem Weg nach München am Chiemsee vorbeifahre, ob wir auf Dauer unsere heutige Vorstellung von Landschaftspflegemaßnahmen aufrecht erhalten können. Wir machen jetzt mit hohem Aufwand Pflegemaßnahmen in den Schilfzonen, weil wir eine bestimmte Vorstellung haben, welche Art von Pflanzengesellschaft erhalten bleiben muß. Das ist eine bestimmte Wertentscheidung und damit eine Entscheidung für einen bestimmten Mitteleinsatz.

Ich weiß nicht, ob dies ökologisch begründbar ist. Es kann auch sein, daß wir uns auf dem Hintergrund der Finanzknappheit die Frage stellen müssen, ob wir dieses Geld in anderen Feldern des Naturschutzes wirksamer einsetzen können. Der Naturschutz hat im ländlichen Raum das ganz besondere Problem, daß sich die Nutzer dieses Raumes, nämlich die Land- und Forstwirte, schwer anfreunden können mit einer Entwicklung in der Landschaft, die dem widerspricht, was sie jahrhundertelang anerzogen bekommen haben. Es ist vielleicht gut zwanzig Jahre her, daß das Drainieren, das Intensivieren der Nutzungsformen in der Landschaft nicht als Ausweis von Leistung entsprechend honoriert und in jedem Fall entsprechend angesehen wird. Mit der Einführung des Umweltschutzes vor gut zwanzig Jahren wurde plötzlich festgestellt, daß die Nutzungsformen überhaupt nicht so positiv sind. Später sind die Zuschüsse gestrichen worden und schließlich sind die Vorschriften gemacht worden. Wer vor zehn Jahren noch einen Zuschuß für gewisse Nutzungsformen bekommen hat, war plötzlich mit einem Bein gewissermaßen schon im Gefängnis. Zuletzt sind wir in die ganzen Konfliktzonen geraten. Für Bauern waren aus dem bäuerlichen Denken heraus all die nicht genutzten Flächen verschlampt. Das sollte das neue Leitbild sein? Welche Probleme Forstwirte und Forstleute haben, innerlich zu akzeptieren, daß der Wald nicht mehr intensiv genutzt wird, daß Totholz seine Bedeutung hat, daß man Nationalparke ausgewiesen hat, wo der Einschlag reduziert oder teilweise ganz eingestellt wurde. Das sind enorme emotionale Probleme. Es soll mit die-

sem Hinweis deutlich gemacht werden, wo einfach menschlich verständliche Schwellen liegen. Wir müssen hier immer wieder um Einsicht werben und helfen, daß in einer solchen neuen Epoche Menschen, die völlig anders geprägt wurden, auch den richtigen Weg finden können.
Damit sind wir mitten im Spannungsfeld der Landwirtschaft. Es ist ganz klar, daß eine Landnutzung und eine Agrarpolitik mit einer Überproduktion an Nahrungsmitteln in unserem Raum auf Kosten der natürlichen Lebensgrundlagen keine Zukunft haben kann und schon gar nicht in der Akzeptanz der Bevölkerung, die letztlich als Steuerzahler die Lasten trägt. Die bayerische Politik hat bei den Veränderungen in der Landwirtschaft Pionierleistungen weit über Bayern hinaus erbracht. 1970, Hans Eisemann mit dem Bayerischen Landwirtschaftsförderungsgesetz, bereits im November 1969 mit dem ersten Agrargesetz der Welt, in dem das Thema Landschaftspflege aufgetaucht ist und in dem Landwirtschaft so definiert wurde, daß es mehr ist als nur Nahrungsmittelproduktion. Erstmals wurde die Aufgabe Kulturlandschaft als Aufgabe der Landwirtschaft definiert.
Es war lange Zeit unendlich schwer, daß dieses Gedankengut allmählich akzeptiert wurde. Die Agrarwissenschaft hat es überhaupt nicht verstanden, hat im Grunde genommen alles belächelt, da sie den Trend zum Großbetrieb sah. Aber auch die Ökonomen unter den Bauern haben das lange Zeit nicht wahrhaben wollen. Sie wollen Bauern sein und nicht Landschaftspfleger, sie wollen leben und das ist natürlich auch heute noch die vorherrschende Befindlichkeit des Bauern. Er will vom Ertrag seiner Arbeit im Sinne der Produktion von Nahrungsmitteln leben und er will nicht ein Honorar für Landschaftspflege. Wir arbeiten daran, daß die Veränderung des Berufsbildes allmählich akzeptiert wird. Durch die Überfüllung der Märkte hat die reine Politik der Produktion in der Landwirtschaft keine Zukunft. Vor allen Dingen in einer Landwirtschaft, die in Bayern bei einer durchschnittlichen Betriebsgröße von 17 ha im ökonomischen Wettbewerb mit Betriebsgrößen in Amerika von 160 ha Durchschnittsgröße steht und in diesem Wettbewerb von vornherein hoffnungslos verloren ist.
Die Begründung für eine bäuerliche, für eine bodengebundene Landwirtschaft ergibt sich ausschließlich aus der Leistung der Landwirtschaft für die Landeskultur und man kann noch hinzufügen im Sinne der Eigentumsstreuung als gesellschaftspolitische Leistung. Aber nicht in dem Leistungsbereich, den die Bauern als ihren eigentlichen sehen, nämlich in der Nahrungsmittelproduktion. In Betriebsgrößen mit einem Durchschnitt von 100 ha kann die vergleichbare Qualität von Nahrungsmitteln genauso produziert werden wie mit einem Durchschnitt von 17 ha. Nur die Landeskultur würde sich natürlich dramatisch verändern.
Im letzten Jahr ist etwas geschehen, was die wenigsten in ihrer Tragweite bislang voll realisiert haben, daß nämlich die EG-Kommission und damit die europäische Agrarpolitik auch über den Agrarministerrat mit der Reform der Agrarpolitik vom bisherigen Leitbild der Agrarpolitik, nämlich billige Nahrungsmittel produzieren, Ökonomie, als Maßstab aller Dinge, Abschied genommen hat. Im Streit über Einzel-

heiten der Agrarreform ist es völlig untergegangen, daß auf europäischer Ebene eine Kurskorrektur in weitestgehender Annäherung an den bayerischen Weg der Agrarpolitik vollzogen wurde, nämlich daß Landwirtschaft heute auch aus der Sicht der EG-Kommission eben diese zwei Leistungsbereiche hat, Nahrungsmittelproduktion und landeskulturelle Leistungen. Dies schlägt sich dann nieder in einer Reihe von Maßnahmen.

Wir haben aber nach wie vor große ungelöste Probleme in dem Konflikt zwischen Ökonomie und Ökologie in der Landwirtschaft. Die jahrelang verkündete Parole, daß Landwirtschaft automatisch der beste Umweltschutz wäre, war eigentlich schon immer eine falsche Parole, denn moderne Landwirtschaft ist nicht mehr automatisch immer umweltverträglich. Es liegt daran, daß wir in der Agrarpolitik nach wie vor trotz aller Korrekturmaßnahmen und Anreizsysteme zur Extensivierung im Kern nach wie vor ein Anreizsystem haben, so intensiv wie möglich zu produzieren. Daher gesehen haben wir nach wie vor einen Dualismus, der vielleicht in der Übergangssituation begründet ist. Wir haben auf der einen Seite einen Anreiz, der es nach wie vor lohnend macht, zur 8.000 oder 10.000-Liter-Kuh als Jahresleistung zu kommen, aber gleichzeitig sinnen wir nach Wegen, wie wir die Agrarproduktion reduzieren könnten. Solange es aber für Bauern betriebswirtschaftlich lohnend ist, die 10.000-Liter-Kuh zu haben oder eine entsprechend hohe Leistung auf dem Acker, wird er nicht gegen seine eigene Interessenslage aus allgemeinen Appellen heraus handeln.

Das Ergebnis der heutigen Situation ist eine totale Verbürokratisierung im landwirtschaftlichen Bereich. Wir haben eine ganze Fülle von Antragswesen, Bürokratie und Nachweisen, die momentan die Agrarpolitik und ihre Entwicklung kennzeichnen. Dies kann nicht das letzte Stadium sein. Ich sage offen, daß ich in der aktuellen Situation auch keinen anderen Weg wüßte. Natürlich kann man immer wieder über die Verhältnismäßigkeit diskutieren, aber die Agrarpolitik muß sich sicher im nächsten Schritt weiter entwickeln, und die Anreizsysteme verändern.

Ich will es an einem Beispiel deutlich machen. In der Diskussion um eine Stickstoffsteuer gab es die Zielsetzung, den Betriebsmittelstickstoff so zu verteuern, daß es für den Bauern uninteressant ist, ein solches Düngemittel mit entsprechendem Aufwand einzusetzen, was automatisch den Ertrag reduziert. Man könnte als Jahresleistung der Kuh, die im wesentlichen mit Grundfutter zu erbringen ist, auf 4.000 oder 5.000 Liter pro Jahr festlegen. Eine solche Jahresleistung wird mit staatlichen Markthilfen bezahlt und alles, was darüber hinaus geht nur bis zum Weltmarktpreis. Dann wäre es aus der Interessenslage des Bauern heraus uninteressant, mit entsprechenden Futtermitteln, Raffinessen der Züchtung und ähnlichem auf 8.000 oder 10.000 Liter zu kommen, weil er nur für 5.000 Liter pro Kuh einen entsprechenden Preis bekommt. Es hat keinen Sinn, die Anreizsysteme so zu gestalten, daß der Bauer veranlaßt ist, gegen die Interessenslagen der Natur zu handeln und dann zu moralisieren, daß er eigentlich anders handeln müßte. Der Sitz der Ethik ist in der heutigen Gesellschaft in den richtigen Rahmenbedingungen, die im wesentlichen von der Politik gesetzt werden.

Ein anderes Stichwort, das ich noch nennen möchte: Es gibt einen gewissen öffentlichen Tabubereich in der Naturschutzdiskussion, das sind die Probleme, die durch den Tourismus entstehen. Der Tourismus ist eine wesentliche Erwerbsquelle, gerade für weite Teile in den ländlichen Gebieten. Der Tourismus und die naturnahe Erholung sind auch eine wichtige Ausgleichsmöglichkeit für den Menschen, eine Investition in seine Gesundheit, psychisch und physisch. Aber es ist auch keine Frage, daß Massentourismus immer größere Probleme für die Natur aufwirft. Nun legt man sich, wenn man darüber diskutiert, natürlich mit der Masse der Bürger an. Insofern ist es leicht über die Bauern, die Unternehmer oder andere Sündenböcke zu schimpfen. Trotzdem müssen wir diese Entwicklung nicht nur sehen, sondern wir müssen mehr denn je versuchen, diese Entwicklung zu kanalisieren. Der Weg kann natürlich nicht sein, die Menschen aus der Natur aussperren zu wollen. Aber wir müssen noch mehr versuchen, diese umweltverträglicheren Formen des Tourismus, der Erholung zu fördern.

Dabei muß man manchmal vielleicht auch seitens des Naturschutzes ein bißchen unbefangener sein. Als Beispiel nehme ich das Reizthema: In der Nachbargemeinde befindet sich ein Golfplatz, das ist heute ökologisch bestimmt eine wertvollere Fläche als früher die intensive Nutzung durch Maisanbau und intensive Landwirtschaft. Dies gilt aber nicht für jeden Standort. Die größten Probleme treten sicher im Wintertourismus auf. Aber vielleicht das Schlüsselproblem überhaupt ist der Verkehr, der durch den Tourismus entsteht. Wenn man zum Bergsteigen oder Bergwandern fährt, ist die größte Umweltbelastung, die bei so einer Tagestour verursacht wird, der Weg mit dem Auto dorthin.

Naturschutz und Heimatgedanke muß sich noch mehr als Einheit in unserem kommunalpolitischen Handeln wiederfinden. Wir haben in den letzten 10, 15 Jahren eine positive Entwicklung mit dem Stichwort „Landschaftsgebundenes Bauen“ gemacht. Alles in allem war es eine Qualitätsentwicklung im Hinblick auf die Gestaltung des einzelnen Baukörpers. Wir verzeichnen auch ganz beachtliche Entwicklungen im Bereich der Dorferneuerung und der Dorfentwicklung vor allem mit den Maßnahmen der Flurbereinigung. Mit der Entscheidung über einen Bebauungsplan oder einen Flächennutzungsplan prägen wir die Entwicklung unserer Heimat, unseres Lebensraumes meistens über unsere eigene Lebenserwartung hinaus. Wann ist es dem Kommunalpolitiker bewußt, daß ein Bebauungsplan in seiner Qualität über das künftige Ortsbild und über den Lebensraum entscheidet und dies nicht nur ästhetisch. In der Natur- und Umweltschutzdiskussion kommt häufig auch zu kurz, daß wir Leben auch ganzheitlich sehen und nicht nur das Leben von Tieren und Pflanzen, sondern im Sinne des Lebensraums für den Menschen.

Da kommt mir ein Satz in den Sinn, der zwar nicht so für ländliche Gebiete paßt, aber trotzdem in seiner Signalwirkung an der Stelle richtig ist: Anfang der 70er Jahre, also vor 20 Jahren, hörte ich diese Aussage, die bei mir hängengeblieben ist: „Wo für einen Baum kein Platz ist, da ist auch keiner für Kinder und alte Menschen". Das soll besagen, wenn wir mit den Dingen nur berechnend und kalkulierend umgehen, dann haben die Menschen keinen Platz, die keine Leistung erbringen. Dann hat die Natur keinen Platz, die keinen Ertrag bringt, aber damit machen wir unsere eigenen Lebensgrundlagen, die humanen und die ökologischen, kaputt. Und insofern ist auch für die Weiterentwicklung des Natur- und Umweltschutzes im ländlichen Raum ganz wichtig, daß wir diese geistigen Grundlagen, ohne die Natur- und Umweltschutz auf Dauer nicht erfolgreich sein können, pflegen und weiterentwickeln. Einmal im Sinne der Kenntnisse über die Zusammenhänge im Naturhaushalt. Da wissen wir nach wie vor verhältnismäßig wenig. Ich will ein Beispiel nennen. 1982 war es, da hat die Diskussion um die Waldschäden begonnen. Es gab unheimlich schnell scheinbar plausible Erklärungen, was die Ursachen sind. Heute muß man feststellen, daß wir kaum wissen, wie eigentlich die ganzen Gesetzmäßigkeiten ablaufen. Natürlich kennen wir Risikofaktoren. Aber wer behaupten würde, er könnte heute plausibel die ganzen Systemzusammenhänge und Ursachen erklären, der würde sich selber als Hochstapler erweisen. Wir haben es hier mit komplizierten Lebensgemeinschaften zu tun und das muß uns bewußt werden.

Wir werden nie alles überblicken können, was ein Eingriff in die Natur in den vielfältigen Wechselwirkungen verursacht. Insofern müssen wir lernen, noch ein Stück weit vorsichtiger umzugehen, daß wir uns nach Möglichkeit auch korrigieren können. Aber ich füge gleich nochmals hinzu, wir müssen gleichzeitig diesen ländlichen Raum sehen als Lebensraum, in dem sich Leben auch weiterentwickeln kann. Ich bin sicher, wenn diejenigen, die im Natur- und Umweltschutz besonders engagiert sind, ihren Ansatz einbetten in dieses ganzheitliche Denken, ganzheitlich im Sinne des Schutzes und der Weiterentwicklung des Lebensraumes, dann werden sie auch noch mehr Akzeptanz finden als das heute oft der Fall ist, weil zu häufig Naturschutz nur als Verhinderungsstrategie eingesetzt wird.

Karl Heinrich Oppenländer

Ökologie und Ökonomie

Umweltschutz als Herausforderung und Chance

Es ist keine Frage, daß das Thema spätestens mit der Studie die „Grenzen des Wachstums", die 1972 ins Deutsche übersetzt worden war, einer breiten Öffentlichkeit bewußt wurde. Seither sind die Diskussionen nicht mehr abgerissen und es ist auch heute, etwa 20 Jahre danach, noch nicht abzusehen, *wann* diese Herausforderung „Umweltschutz" von einer nachgeschalteten Reparaturlösung zu einer echten innovativen Vorsorge- und Vermeidungslösung umgestaltet werden kann: Das ist Herausforderung und Chance zugleich. Die *Herausforderung* besteht im Umschalten von der Reparatur zur Vorsorge, die *Chance* darin, ein wirklich fundamentales Problem im Rahmen unserer marktwirtschaftlichen Ordnung gelöst zu haben.

Zunächst einmal ist die Herausforderung zu behandeln, die unsere Wirtschaftsordnung tangiert. Wie ist das Problem Umweltschutz innerhalb der bestehenden Ordnung dauerhaft, einvernehmlich und effizient zu lösen?

Gerade die Umweltschutzdebatte hat immer wieder an den Grundfesten unserer Wirtschaftsordnung gerüttelt und versucht, sie aus den Angeln zu heben. Es wurde ein Gegensatz von Ökonomie und Ökologie konstruiert – übrigens im Anschluß an die erwähnte Studie – und eine ökonomische Abrüstung zugunsten der Umwelt gefordert. Dieses „Zurück zur Natur" sollte nicht weiter diskutiert werden, da ein *Rückschritt* ohne Beispiel die Folge wäre, was die technischen Errungenschaften und die erzielten Wohlstandsgewinne auf Dauer beeinträchtigen würde. Außerdem wäre gar nicht sicher, ob nicht in absehbarer Zeit bei einer sich weiter entwickelnden Wirtschaft ähnliche Diskussionen und Probleme wieder auftauchen würden. Die auslösende Studie „Grenzen des Wachstums" muß sich die Kritik gefallen lassen, daß sie auf rein statischer Grundlage ein Szenario in die Welt setzte, das den technischen Fortschritt offenbar völlig vergessen hat, wenn es gefällt, kann ich auch technischer Wandel oder Strukturwandel dazu sagen. Dieser ist systemimmanent und nicht aufzuhalten. Es geht also, und ich bin sicher, daß wir uns hier einig sind, nicht um die Bewältigung von Rückschritten, sondern um das Meistern von Fortschritten, wobei der Umweltschutz eine prominente Rolle spielt.

Eine zweite Bemerkung sei dieser fundamentalen Betrachtung angefügt. Umweltverträglichkeit und wirtschaftliches Wachstum, da ist möglicherweise eine Abwägung zu treffen. Die Frage ist zu stellen, ob die Väter der *sozialen Marktwirtschaft* diese Abwägung (und andere) durchgeführt haben, als sie die Wirtschaftsordnung konstruierten. Schließlich soll eine solche Wirtschaftsordnung von Dauer sein, nicht etwa, wenn sich die Akzente verschieben – was mit „dauerndem Wertewandel" umschrieben werden könnte – ständig zur Disposition stehen. Die Forderung im Stabilitäts- und Wachstumsgesetz von 1967 lautet auf „angemessenes Wachstum". Sie ist, wie ich meine, eine gesellschaftspolitische Forderung.

Und in der sozialen Marktwirtschaft sind zwei tragende Elemente verankert. „Sinn der sozialen Marktwirtschaft ist es, das Prinzip der Freiheit auf dem Markte mit dem des sozialen Ausgleichs zu verbinden", so formulierte Müller-Armack (Wirtschaftsordung und Wirtschaftspolitik, 1966, S. 243). Eine Definition oder gar eine juristische Festlegung fehlt. Damit sollen auch Freiräume für zukünftige Entwicklungen geschaffen werden. „Der Gedanke der sozialen Marktwirtschaft ist so ein der Ausgestaltung harrender, progressiver Stilgedanke" (ebenda, S. 12). Unsere Wirtschaftsordnung ist also ein offenes System, das sich an ändernde äußere Rahmenbedingungen anpassen kann. Nur so, in der „Spannung zwischen der Schwäche der Definition und der Stärke der Idee" (Zacher, Soziale Marktwirtschaft – ihr Verhältnis zur Rechtsordnung und zum politischen System, 1981, S. 830) ist eine Dynamisierung des Begriffes soziale Marktwirtschaft zu erreichen. Damit wird auch das „angemessene Wachstum" zu einem offenen, sich weiterentwickelnden Begriff. Er kann jeweils diejenigen Herausforderungen aufnehmen, die die soziale Marktwirtschaft aufnimmt. Wachstumspolitik ist immer auch Gesellschaftspolitik. Wachstum ist in diesem Sinne „ein genügend umweltschonendes, ressourcensparendes, sozialgeprägtes, lebensqualitätsförderndes Wirtschaftswachstum. Wer Wachstum als gesellschaftspolitisches Ziel verstand, hat es nie anders gesehen". So hat einmal Streißler, wie ich meine, sehr zutreffend formuliert (Einleitung der Generaldiskussion zu ausgewählten Problemen der Wachstumspolitik, 1976, S. 431).

Dem Versuch, die soziale Marktwirtschaft in eine ökosoziale Marktwirtschaft umzuformulieren, sollte damit eigentlich der Boden entzogen sein. Die soziale Marktwirtschaft, wenn sie dynamisch begriffen wird, subsumiert den Konflikt mit der Umwelt. Im „angemessenen Wachstum" kommt zum Ausdruck, daß Ökonomie und Ökologie gleichwertige Systeme sind.

Zwar ist mit dieser Standortbestimmung von Ökonomie und Ökologie in unserer Wirtschaftsordnung ein Angriff abgewehrt worden – was ja auch nicht weiter verwundert, da der Sozialismus als System soeben beerdigt wurde, und er hatte das Problem „Umweltschutz“ wohl überhaupt nicht in den Griff bekommen –, es bleibt aber die *ökonomische Behandlung der Ökologie in der Marktwirtschaft.*

Ökonomie heißt nichts anderes, als mit *knappen* und wertvollen Dingen haushälterisch umzugehen, und die Umweltschäden sind keineswegs durch zu viel, sondern gerade durch zu wenig Ökonomie entstanden, das ist ein markanter Ausspruch des Kollegen Bonus.

Umweltressourcen wie sauberes Wasser und reine Luft sind *öffentliche Güter.* Sie werden von jedermann in Anspruch genommen und keiner kann davon ausgeschlossen werden. Oder, anders ausgedrückt, die Luft wird unterschiedslos an jedermann „abgegeben“, ein Marktpreis kommt nicht zustande, er ist Null. Ein solches Gut ist aber in der Marktwirtschaft nichts „wert“. Und das ist hier das Marktsignal. Um wiederum Bonus zu zitieren: „Die selektive Pression des Systems sorgt daraufhin unerbittlich dafür, daß dieses Marktsignal auch wirklich beachtet wird: wer etwa freiwillig sauberes Wasser und reine Luft (durch den Bau von Kläranlagen und Luftfiltern) „herstellen“ wollte, würde dafür nichts erlösen, teurer produzieren als die Konkurrenten und müßte aus dem Markt ausscheiden. So werden alle dazu gezwungen, sich gerade so zu verhalten, als seien sauberes Wasser und reine Luft tatsächlich wertlos und im Überfluß vorhanden“. Der Mangel liegt also nicht am Koordinierungsmechanismus „Markt“, sondern daran, daß für Umweltnutzungen *keine Marktpreise* existieren. Umweltgüter besitzen zwar einen Gebrauchswert, aber keinen Tauschwert. Und: Die kostenlose Verfügbarkeit der natürlichen Umweltressorcen verführt zu einem „exzessiven Ge- und Verbrauch der Umweltgüter“ (Möller). Die Folge sind zunehmende Umweltschäden. Der Theoretiker würde sagen, daß der freie Verbrauch des Gutes Umwelt zu einer mangelhaften oder fehlenden *Internalisierung* der anfallenden Umweltkosten führt. Die umweltbezogenen Kostenanteile der Produktion werden zu Lasten der Gemeinschaft *externalisiert.* Das führt, nämlich der Marktpreis von Null, zu volkswirtschaftlichen Fehlallokationen von Umweltgütern; die Nichtberücksichtigung dieser externen Kosten verzerrt unsere Preis-, Produktions- und Konsumstruktur. Die Forderung kann dann eigentlich nur lauten: Das für die übrigen Güter geltende Prinzip „Nutzung unter Berücksichtigung der bestehenden Knappheitsverhältnisse“ muß auch für Umweltgüter eingeführt werden. Da es sich um öffentliche Güter handelt, ist offensichtlich der Staat aufgerufen, im Rahmen einer *Umweltpolitik* tätig zu werden. Er muß durch gesetzliche Regelungen *künstliche Knappheitssignale* erzeugen, an denen sich die Inanspruchnahme von Umweltgütern orientiert.

Ob diese Situation nun als *Marktversagen in einer Marktwirtschaft* bezeichnet werden kann, möchte ich in Frage stellen. Die Gesetze für öffentliche Güter liegen eben anders. Sie sind aber nichtsdestoweniger Bestandteil unserer Wirtschaftsordnung.

Die Diskussion entzündet sich daran, wie eine solche Umweltpolitik ausgestaltet sein sollte. Bisher ist versucht worden, das Ökologieschädliche zu verbieten und das Ökologieverträgliche zur Auflage zu machen. Wir sehen uns der Setzung von *Emissionsnormen* und *Imissionsnormen* gegenüber. Erstere setzen an der *Quelle* der Umweltverschmutzung an. Sie wollen den Verursacher zwingen, die Schadstoffausbringung möglichst drastisch zu reduzieren. Letztere setzen an den *Wirkungen* der Schadstoffe an. Hier muß die Schadstoffbelastung insgesamt innerhalb der festgesetzten Imissionsnormen bleiben. Ob diese dann, so Walter, mit dem kompatibel sind, was nach der Emissionsnorm als unvermeidliches Mindestmaß des Schadstoffausstosses anzusetzen ist, bleibt offen.

Die Emissionsnormen werden wohl am „jeweiligen Stand der technisch möglichen Schadensvermeidung“ gemessen. Wer aber stellt fest, was Stand der Technik ist? Zu vermuten wäre auch, daß ein „Schweigekartell der Oberingenieure“ existiert; man behält für sich, was technisch möglich wäre. Emissionsnormen, die lediglich Übertretungen bestrafen, Unterschreitungen aber nicht belohnen, sind daher geeignet, den technischen Fortschritt im Bereich der Umwelttechnologie eher zu bremsen.

Die Imissionsnormen und ihre Festlegung leiden unter dem Problem der sinnvollen räumlichen Abgrenzung des Areals, für welches die Normen gelten sollen. Übrigens würden sie wenig bewirken, wenn nicht zugleich die Emissionen auf einen entsprechenden Höchstwert festgesetzt werden – und dessen Einhaltung auch kontrolliert und durchgesetzt werden kann (Walter). Schon diese Diskussion zeigt, daß ein *Paket von Maßnahmen* für eine ökonomisch wirkungsvolle Umweltpolitik vonnöten ist: *Sowohl Emissions- als auch Imissionsnormen sind festzusetzen, und zwar großräumig aufeinander abgestimmt, aber partiell eben voneinander entkoppelt.*

Hier setzt nunmehr die Kritik der Ökonomen an. Es kann doch wohl nicht der Weisheit letzter Schluß sein, daß durch solche Vorschriften nicht der Krankheitsherd angegangen wird, sondern nur die Symptome bekämpft werden. Das wäre wohl dann so, wie bei einem lediglich die Symptome bekämpfenden Medikament, wo mit der Zeit die Nebenwirkungen stärker werden können als die Auswirkungen der Krankheit selber. Mit solchen interventionistischen oder „polizeirechtlichen“ Maßnahmen würde das System der Marktwirtschaft, das ja spontane Selbstorganisation und selbstverantwortliches Handeln zum Inhalt hat, auf Dauer gelähmt und der Umweltschutz käme dadurch nicht weiter. Hier der Originalton Bonus: „Die spontane Reaktion des Systems wird durch Vorschriften zwar dort abgeblockt, wo die Umwelt sehr negativ betroffen wäre. Wegen der Vernetzung des Systems reichen die Eingriffe aber sehr bald bis in die feinsten Verästelungen der Entscheidungsabläufe hinein. Damit wird gerade das gelähmt – zunächst nur punktuell, dann aber immer tiefergreifend –, worauf die Vitalität des Systems insgesamt beruht: die Fähigkeit zur spontanen Selbstorganisation. Das System verliert an Beweglichkeit, es beginnt zu verkrusten. In der Praxis macht sich das in Form eines wuchernden Dschungels von Umweltvorschriften bemerkbar, den kaum noch jemand durchschaut, und in entsprechend einschneidenden bürokratischen Hemmnissen.

Statt die Befolgung falscher Lenkungssignale ständig abzublocken und so das System allmählich zu lähmen, muß Umweltpolitik das System in die Lage versetzen, statt der Fehlsignale spontan die korrekten Lenkungssignale zu erzeugen. Diese reflektieren ökologische Restriktionen ebenso wie ökonomische Knappheiten. Ihre Befolgung, durch ihren Konkurrenzdruck des Systems selbst durchgesetzt, führt dann zur Einhaltung auch der ökologischen Restriktionen. Unter solchen Umständen arbeiten die Marktkräfte für den Umweltschutz, nicht mehr gegen ihn."

Vorgeschlagen wird statt dessen eine *marktwirtschaftliche Umweltpolitik*, die Abgaben oder Steuern zum Inhalt hat: Hier werden die Umweltnutzungen mit Preisen versehen. Sie sind wahrscheinlich nicht dynamisch gestaltbar und entsprechen sicherlich oft nicht dem, was man sich vorstellt, aber es sind immerhin Knappheitssignale.

Besser wäre es, man würde die zulässigen Umweltnutzungen kontigentieren, indem in begrenzter Menge *Emissionszertifikate* ausgegeben werden. Hier würden sich, da Zertifikate übertragbar sind, *spontane Marktpreise für Umweltnutzungen* herausbilden.

Das eine Mal würde also der *Preis* von Umweltnutzungen fixiert, das andere Mal ihre *Menge.* Beide Arten ließen den Beteiligten die volle Entscheidungsfreiheit: „Wer weiterhin die Umwelt belasten will, mag das tun, sofern es sich für ihn lohnt; aber im allgemeinen wird es sich eben sehr viel seltener lohnen als zuvor: Die Umweltbelastung wird drastisch zurückgehen" (Bonus). Die hier genannten „Spielarten" sind in der Diskussion. Die Schwierigkeit für den letzten Vorschlag liegt darin, daß man eine käufliche Lizenz zur Umweltbelastung als Ablaßhandel interpretiert, dagegen Abgaben und Steuern als Strafe für Umweltsünder leichter akzeptiert.

Immerhin wird – und das ist deutlich geworden – auch die einzuschlagende *Umweltpolitik zur Herausforderung*. Man sollte eine möglichst marktkonforme Lösung anstreben, damit nicht nur die Umwelt immer weiter in Bedrängnis gerät, sondern auch unsere Wirtschaftsordnung nicht durch die Zunahme interventionistischer Maßnahmen in Gefahr gerät. Staatsanteil und Staatseinfluß dürfen nicht überstrapaziert werden.

Diskutiert wird schon deshalb heute auch die Anwendung des *Kooperationsprinzips,* das wohl, wie sich Möller ausdrückt, auf „die Einsicht, Verantwortungsbereitschaft und den Gemeinsinn der Unternehmen, Bürger und staatlichen Einrichtungen zielt, einen aktiven Beitrag zur gemeinsamen Bewältigung der Umweltprobleme zu leisten". Hier würde in erster Linie auf „freiwillige Vereinbarungen" und „Selbstbeschränkungsabkommen" rekurriert, was eine erhebliche Lernbereitschaft und die Offenlegung aller Informationsquellen erfordert. Das *Umweltbewußtsein in der Bevölkerung* ist sicherlich sensibilisiert. Es müßte angereichert sein durch verläßliche Langzeitperspektiven, die darlegen, was unter verschiedenen Alternativen eintreten könnte (wobei ein solches Szenario nicht von einem Öko-Institut abzugeben wäre). Die *Unternehmen* bekennen sich in zunehmendem Maße zu „freiwilligen" Aktionen. Sie beziehen diese auch in zunehmendem Maße in ihre Werbung ein. So spricht Reuter, der Vorstandsvorsitzende von Daimler-Benz, von einem „als Selbstverpflichtung verstandenen Umweltmanagement“, das praktiziert werden muß, es werden in zunehmendem Maße Öko-Produkte verkauft (die teurer sind als andere). Von der US-amerikanischen Industrie erfährt man, daß in zunehmendem Maße eine Vorwärtsstrategie betrieben wird nach dem Motto „die Angst vor Umweltauflagen und -abgaben weicht dem Geschäftssinn“ (so eine Überschrift in der SZ v. 28/29.04.1990).

Die *Politiker* werden sowieso getrieben von der politischen Konkurrenz in den Parteien und von anderen Parteien. Sie befleißigen sich oft aber einer allzu populistischen Vorgehensweise. Anders ausgedrückt: Jeder will den anderen in umweltpolitischen Maßnahmen überholen und noch eins draufsetzen. Davon bleibt auch der Umweltminister nicht verschont.

Bezogen auf dieses Thema, sehe ich in den 90er Jahren drei Tendenzen:

(1) Die Abkehr von nachlaufenden Reparaturlösungen und die Hinwendung zu innovativen Vorsorgelösungen beim Umweltschutz schreiten fort, was bedeutet, daß – bei zunehmender Sensibilisierung bei den Beteiligten – sich auch wieder *mehr marktwirtschaftliche Komponenten* bei der Bewältigung der Umweltschutzproblematik durchsetzen. Auch die als öffentliche Güter bezeichneten Ressourcen unterliegen dann immer mehr den *Knappheitsgesetzen der Ökonomie.*

(2) Die *Umweltschutzpolitik* muß zu einer klaren Signalgebung kommen, möglicherweise in der beschriebenen Art und Weise. Dabei ist der Aspekt der *Ökonomieverträglichkeit* zu beachten, d. h. nicht immer neue Steuern und Abgaben sind zu erfinden und immer wieder neue Normen zu setzen. In dem Maße, wie im Rahmen der Umweltpolitik die Gefahrabwehr gegenüber der Vorsorge zurücktritt, ist dies eine unumgängliche Forderung.

(3) Langfristig muß gelten, daß die Umweltschutzpolitik von anderen Politikbereichen mehr als bisher flankiert wird, um auch so diesem Vorsorgeanliegen Rechnung zu tragen. So dürfte es keine überhebliche Forderung sein, noch mehr als bisher darauf hinzuwirken, daß nicht-regenerierbare Ressourcen, insbesondere fossile Brennstoffe, mittelfristig durch andere Energiequellen ersetzt werden.

In der zur Verfügung stehenden Zeit konnte ich nur einige wenige Aspekte zu dem Thema Ökologie und Ökonomie behandeln. Die *Herausforderung* des Umweltschutzes sind die Veränderung der Auffassung über Reparatur und Vorsorge und die marktwirtschaftliche Ausgestaltung der Umweltschutzpolitik. Die *Chance* besteht darin, daß wir unter diesen Rahmenbedingungen mit wirtschaftlichem Wachstum unseren Wohlstand weiter erhöhen können.

August Everding

Ökologie und Kultur, Ökologie und Kunst

Die Botschaft der Kunst zur Erhaltung und Gestaltung der Natur

Meine Damen und Herren! Ich muß gestehen, daß mich ihre ehrende Anfrage zunächst überrascht hat. Was haben denn die beiden Ökologie und Kultur oder Kunst miteinander zu tun? Natürlich werden in der Biologie Kulturen gezüchtet. Natürlich hat Kultur viel mit gesittetem Umgang und mit Umwelt zu tun. Natürlich ist eine Vorstufe der Kultur die Agrikultur, aber dieser offensive Charakter, der dem Begriff Ökologie anhaftet, dieser besitzergreifende Habitus, den die Ökologen trotzig vorweisen, hat für mich keine nahe Verwandtschaft zur Kultur. Oder? Jedenfalls haben Sie mich gezwungen, über etwas nachzudenken, was nicht in meiner Vortragsplanung lag. Dieses Nachdenken kam aber zunächst zu einem sehr konträren Ansatz. Nach Paulus ist auch die Natur der Sünde unterworfen. Auch sie muß erlöst werden. Erlöst wovon? Und von wem? Wir preisen und wir lieben die Natur, die uns gesittet und kommod entgegentritt. Wir besingen die rauschenden Bächlein und die gedichtefördernden Mondsicheln. Uns entzücken Sonnenaufgänge und der gestirnte Himmel über uns. Aber ist das Natur? Ist nicht Natur der das Leben vernichtende Vulkan, der zerstörende Blitz, die Überschwemmung, der Sandsturm, die Heuschreckenplage, die Dürre? Natur stört, Natur zerstört, Natur gibt dem Stärkeren alle Rechte, kennt aus ihrer Natur keine Barmherzigkeit, kein Mitleid! Der Mensch, der Natur ausgesetzt, ist der große Verlierer! Er kann nicht Minuten in die segenspendende Sonne schauen, ohne zu erblinden. Natur ist der Feind des Menschen. Um in ihr bestehen zu können, ringt er ihr die Freiräume ab, bezwingt sie in kleinen Arealen, macht sie sich in Quartieren untertan, kanalisiert sie in der Agrikultur, unterwirft sie sich, wo menschlicher Geist Maschinen erfindet, die die Gewalten binden. Natürlich darf dieses Einbinden nicht zur Ausrottung der Arten führen, darf die Urbarmachung die Natur nicht bar von

Natur machen. Rodung und Agrikultur, Hege und Pflege, Zähmung und Bezwingung muß in den Kulturplan des Menschen passen. Nur durch Kultur wird Natur ihrer Sünde gnädig. Nur durch Kultur kann das brüllende Ungeheuer beschäftigt und besänftigt werden. Nur Kultur kann auch den inneren Schweinehund in uns domestizieren. In Kultur steckt das Wort „Kult". Kult heißt, in den Dienst stellen, heißt verehren und benedeien. Aber auch das Wort „Ur" steckt im Wort Kultur. „Ur", in Bayern ist es erlaubt zu sagen, nicht von urig, sondern von urbarmachen, von Urbanisierung. Kultur fordert die Ökologie als den gemäßen Umgang mit der Natur, nicht den heiligsprechenden. Aber wie das so ist mit streitbaren Theoretikern, die Floristinnen sind, so glaube ich, nicht Floras liebste Töchter und die Nationalisten haben der Nation den Todesstoß versetzt. Die Ökologisten erheben Natur in den ihr nicht gemäßen Adelsstand. Sie sind romantische, die Geschichte verleugnende Pantheisten. Sie sind dem Zeitgeist verfallen, der Soziales über seinen Rang erhebt, der nicht anerkennt, daß Natur auch Gebrauchsgegenstand ist. Romantisch, weil das so wie früher ein Leitwort ist und dabei vergessen wird, daß es kein „früher" als einen Wert gibt. Verzeihen Sie bitte ein sehr banales Beispiel. Wenn Sie heute eine Brezel kaufen, überreicht man Ihnen diese in einer Tüte, auf der gedruckt steht: Qualität und Naturschutz. Begriffe, die nicht unbedingt zusammengehören, sich auch nicht unbedingt ergänzen. Die gekaufte Semmel ist nicht mehr eine Semmel, sie ist eine Öko-Semmel. Der Trend des Zeitgeistes macht nicht vor einer unschuldigen Semmel halt. Besonders vermerkt ist auf dieser Tüte, ich habe sie gekauft, daß diese Semmel ohne künstliche oder chemische Backhilfsmittel gebacken wurde. Wenn ich mich noch erinnere, meine Damen und Herren, welche Triumphe die Chemie feierte, weil sie solche der Hausfrau helfende Mittel erfand, dazu auch ohne Färbungsmittel. Wie wurde es gefeiert in meiner Jugend, als man Stoffe färben konnte, schneller, intensiver als die Natur es vermochte. Und da steht dann noch, ohne Mehlverbesserungsmittel. Das mag ja angehen. Ich weiß nicht, welchen Dreck die Bäcker früher zugelassen haben. Und als lockende, verführerische Unterschrift auf dieser einen Tüte für die Brezel von 66 Pfennig steht: so wie früher! Ich glaube, das Industriezeitalter hätte am besten gar nicht stattgefunden. Es hat ja nur Kunstleder, nur Kunststoffe, nur schädliche Konservierung und vortäuschende Frische gebracht. Das ist der gleiche romantische Ansatz wie die Sehnsucht nach den Konzerten auf originalen Instrumenten. Dann hört man diese Musik von früher, wie sie wahrhaft in den Ohren des Komponisten geklungen hat, meint man. In den Ohren hat sie besser geklungen für die Komponisten, nur waren die Instrumente noch nicht gut genug, so daß sie so klangen, wie der Komponist sie erahnte. Was hätte Bach sich gefreut, wenn seine Luftzufuhr in die Pfeifen schneller und gleichmäßiger gewesen wäre und wenn nicht jede Taste asthmatisch nachgeklappert hätte, wenn Paganini schon Stahlsaiten gehabt hätte, Mozart schon Ventile für die Trompeten. Aber heute ist es wunderbar, wenn es nachklappert, immer etwas zu spät kommt. Es ist wie von früher! Meine Damen und Herren, Ökologie als

Schutz, als würdiges, als kluges, als maßvolles Verhalten ist eine Sache der Kultur. Aber das Schlagwort Ökologie ist ein Stichwort geworden. Fürwahr ein Stichwort. Ich darf aber den Untertitel meines mir von Ihnen gewünschten Titels nicht vergessen, die Botschaft der Kunst zur Erhaltung und Gestaltung der Natur. Nie werde ich die Aufgabe vergessen, welche die Natur uns gestellt hat. Was wären unsere Maler, unsere Dichter ohne Natur? Zunächst noch im Goldhintergrund, dann sich vortastend zu Gebirgen, dann sich vortastend zur Kultur, zur Natur, glücklich sein, zu schaffen, etwas, das man sieht, auch darzustellen. Und dann der Weg, wie Picasso das nur ja nicht darzustellen, weil das, was das Auge sieht, ja nur das Auge sieht, aber nicht unser Geist, weil es darzustellen gilt, was Natur ist. Natur ist ein billiger Naturalismus. Diesen Weg haben wir doch vollzogen. Und abzubilden, daß ein Pferd braun ist, welch eine Trivialität, grün ist es, blau ist das Pferd! Denn so ist es ja wirklich! Und nicht eine Nase haben wir in der Natur, vier Nasen haben Sie doch, denn wenn der Picasso links guckt, dann haben Sie die Nase vorne, haben Sie eine da und eine dort. Der Mensch hat vier Nasen, die Natur hat nur eine geschaffen. Was ist das schon? Picasso hat vier gesehen, das ist Natur in der Kunst! Und das ist keine Lüge. So sieht er es. Und das ist keine Entschuldigung. So ist er gezwungen, denn Sie alle kennen das Wort von Thoma „Kunst kommt von Können, denn käme es von Wollen, hieße es Wulst". Nein, aber Schönberg hat was Schöneres gesagt: „Kunst kommt von Müssen". Picasso war gezwungen, Natur so zu sehen. Und es war keine Verfremdung. Ja, es war eine Verfremdung, aber eine Verfremdung, durch die man die Natur wieder sah. Weil wir durch Kitschpostkarten und durch Naturalismus entwöhnt waren, Natur als Natur zu sehen. Es mahnt mich, daran zu denken, wo und in welchem Rahmen ich hier spreche. Nicht nur das Ora et Labora des hl. Benedikt ist seit 1200 Leit- und Geleitwort. Seit 1200 werden hier botanische Forschungen betrieben, werden Heilkräutergärtchen gepflegt und auch nach der Wiedereröffnung des Gymnasiums 1689 wurden botanische Schwerpunkte hier gesetzt. Die Säkularisation denaturierte zwar die ehrwürdigen Gebäude, aber immerhin wurden die Klostergebäude zur Aufzucht von Pferden gebraucht und seit 1989 wachsen hier sorgsam kultiviert Heilpflanzen, Gewürzkräuter, Küchenkräuter. Hier lehrt und lernt man die Umwelt erfahren, hier in den Moorlandschaften, an den Seen im Angesicht der Benediktenwand, Schmetterlinge und Vögel sind in ihrer Vielfalt zu studieren und das Wechselspiel der Pflanzen und Tiere ist ein fast theatralischer Vorgang. Ein Vorgang, der mich animiert, in seiner Beziehung, in seinem Wechselspiel. Aber vollends überliefert dieser Raum in seiner Gestaltung und Thematik das hohe Wissen und Empfinden dieser sensiblen Zeit. Die vier Elemente Feuer, Wasser, Erde und Luft bilden den Ausgang des Zyklus. Sie bilden die Grundlage für die Kosmologie in der stufenweisen Vervollkommnung von Pflanzen und Tieren. Hier wird uns dann der Kosmos mit den wichtigsten Mineralien vorgestellt und das alles ist mit Kultur geschwängert, weil christologisch orientiert. Nicht naturlos gebunden, frei gebunden, sondern christologisch orientiert. Berge und Hügel, Gewächse, Sträucher und Blumen sind aus einem hohen Kulturverständnis mit großer Kunstfertigkeit dargestellt. Das eigentlich erfüllt schon den Titel meines Vortrages, wo Ökologie zur Kunst und Kunst zur Aufgabe für Umwelt wird. Das führt mich wieder zu unserem zentralen Thema Ökologie und Kultur, Ökologie und Kunst zurück. Sie wissen es besser als ich, die Ökologie beschäftigt sich mit den Beziehungen von Lebewesen zu deren Umwelt auf biologischer Ebene. Kunst bestimmt eben diese Beziehung für den Menschen auf ästetisch-geistiger Ebene. Und Kunst schafft erst ein Bewußtsein dieser Beziehung. In erster Linie trat die Kunst als ein die Natur gestaltendes Prinzip auf. Der Gedanke der Erhaltung von Natur ist sehr modern. Wer hat das wann schon früher gedacht, daß Natur erhalten werden muß? Und das, wie ich eingangs sagte, ist die große Herausforderung der Natur als Thema zu bestehen, Natur als Thema zu gestalten, Natur als Thema zu nehmen und Natur als Herausforderung anzunehmen und zu lösen. Sie wissen es, in der Antike waren Natur und Mensch gleichermaßen dem göttlichen Willen unterworfen. Die Antike band auch interessanterweise ihre Theater in die natürliche Landschaft ein – nun gut, weil es natürlich auch draußen warm war – Theater gehörten mit in die Landschaft hinein. In der Renaissance erkannte sich der Mensch als ein individuell-kreatives Wesen. Dieses Wesen konnte sich und die Natur schaffend beeinflussen. Die Natur war zur Formung durch den Mensch zur Disposition gestellt. Und wie war das anders im Barock? Dort wurde die Natur einem formalen, oft mathematischen Ordnungsprinzip untergeordnet. Und dann die Aufklärung! Die Aufklärung entdeckte die Natürlichkeit wieder neu und machte sie zum Kunstideal. Künstlich künstlerisch wird gestaltet und nachgeformt in den englischen Gärten. Das mystische Naturbild, die Wolfsschlucht in der Oper und in der Kunst immer wieder ein Thema, beherrschte die Romantik. Und dann die Moderne. Die Moderne unterwirft die Natur gänzlich dem menschlichen Gestaltungs- und Ordnungswillen. Sie unterwirft sich die Natur, macht sich ihrer habhaft. Der Mensch gestaltet seine Umwelt mehr und mehr nach den Bedürfnissen der Arbeitswelt, des Konsums und des Komforts. Im Mittelpunkt steht die Stadt. Die Kunst löst sich von der realistischen Darstellung und schafft neue abstrakte Kunstwelten. Kultur ist nicht mehr Teil einer Schöpfung, sondern ist die scheinbar unversiegbare Quelle, die Ressource, die man beliebig ausbeuten kann. Ein neues Bewußtsein läßt uns die weltumspannende ökologische Vernetzung – wie wir es eben gerade gehört haben – erkennen. Aber, kann die Kunst dieses Bewußtsein der Vernetzung stärken? Kunst kann die Konsequenzen aufzeigen und das Ergebnis von Fehlentwicklungen vor Augen führen und das Gott sei Dank immer etwas früher als die Fehlentwicklung entsteht. Der erste Weltkrieg wurde von den modernen Malern gemalt, bevor er kam. Und die moderne Kunst hat dieses Unheil geahnt und beschrieben und wurde darum auch so früh verboten, bevor das Unheil kam, weil die Prophetie doch noch etwas gilt. Sie versagte nur bei unseren jetzigen Dichtern anläßlich der neueren, modernen politischen Ereignisse, die wir gerade hinter uns haben. Ich kenne keinen Propheten, der das vorhergesagt hat, nicht in der Geschichte, in der wir gerade stehen. Kunst kann die Fortschrittsgedanken in seinen Möglichkeiten und Gefahren untersuchen, aber Kunst darf nicht nur reagieren, sie muß auch warnen. Und da stoßen sie sich oft an uns. Wenn wir zu oft warnen und zu oft sagen, das ist negativ, dann mögen sie uns nicht mehr.

Ich erinnere daran, daß wir Welttheater zu machen haben und Welttheater findet statt im Himmel, auf Erden und in der Hölle. Und die Hölle ist ein Orkus. Die Hölle ist nicht ein Kohlenkeller. Der Prophet sagt: „Aus der Tiefe, Herr, schrei ich zu Dir". Die Hölle ist kein wahrhaft schöner Ort und wenn unsere Stücke dort handeln, sie müssen sich an ihnen stoßen, denn wir wollen ja anstößig sein. Am Rande der ökologischen Katastrophe macht sich jetzt eine gefährliche Lethargie, ja fast Defätismus, breit. Kunst wird zugegebenermaßen oft als Unterhaltung verstanden. Den ganzen Tag gearbeitet, abends auch noch die Herausforderung, da soll man uns doch besänftigen mit Musical, Operette. Das ist doch so viel leichter, als jetzt am Abend noch eine Provokation. Eine Ablenkung von einem immer komplizierteren Leben, das kann, ja das soll sie auch sein. Aber sie darf es nicht ausschließlich sein. Sie muß helfen, in uns allen ein neues Bewußtsein zu fördern.

Und welche Kunstform eignet sich da am besten? Am schnellsten und direktesten reagierte die bildende Kunst auf Naturzerstörung. Waldsterben und Raubbau wird mit konkreten Bildern assoziiert. Der tote Baum wurde zur Chiffre der ökologischen Katastrophe. Mit solchen Chiffren arbeitet die Kunst und macht mit einem Zeichen klar, wo die Gefahr ist und wo die Möglichkeit besteht.

Indirekt kann auch die darstellende Kunst die Auswirkungen unnatürlichen Lebens auf den Menschen darstellen: die Auflösung der Familie, Vereinsamung. Kroetz versucht das in seinen Stücken, nehmen wir „Bauernsterben", oft angefeindet, oft aneckend, da wird diese Vereinsamung, wenn der Mensch nicht mit der Natur lebt, gezeigt.

Und, meine Damen und Herren, bitte verstehen Sie es. Angesichts dieser Realität können auch viele Klassiker nicht mehr bedenkenlos wiedergegeben werden. Unser Minister hat diese Diskussion sehr offen und klar geführt, wie man mit Klassikern umzugehen und wie man sie als Herausforderung zu verstehen hat, er hat mal mißverständlich gesagt: „Ich will sie so sehen, wie sie gemeint sind". Er hat aber gemeint, wie hat sich der Autor mit diesem Thema auseinandergesetzt und zeigt uns nicht, wie ihr euch nun mit ihm auseinandersetzt, sondern, was ist die Auseinandersetzung des Autors. Und wenn ich auf vielen Diskussionen gefragt werde, nun sagen Sie doch endlich, zeigen Sie doch mal den Schiller, wie Schiller es gemeint hat! Dann sage ich immer zurück, gnädige Frau, woher wissen Sie denn, wie Schiller es gemeint hat. Woher wissen Sie das? Ich versuche es zu wissen und bemühe mich ernsthaft. Ich spreche damit nicht den Scharlatanen ins Wort und auch denen nicht, die meinen, sie müßten ihren Egozentrismus vorweisen, um zu zeigen, wie originell sie sind. Aber die Herausforderung der Natur an uns, was ist sie? Ein Feind oder ein Freund? Ist sie ein Kompagnon oder ist sie einer, den ich zwingen muß, ist sie ein Thema der Kultur, der Kunst. Eine zeitgenössische Interpretation zwingt, Widersprüche einer idealen zur tatsächlichen Situation aufzuzeigen. Ich meine, ein Naturidyll, so schön es ist, darf nicht bedenkenlos übernommen werden, sonst wird es eine Kitschpostkarte. Sondern muß, so es nicht als utopische Lösung erscheinen soll, mit der Realtität konfrontiert werden.

Ich habe gerade Rheingold in Chicago gemacht und habe mich mit den Rheintöchtern sehr auseinandergesetzt. Ich habe sie so an Bungees aufhängen lassen, die schwimmen durch den Rhein. Gerard hat sich ganz energisch und gegen meinen Widerstand in Bayreuth dazu entschieden, sie als Rheintöchter vor einen Stauwehr zu zeigen, als Huren, die in einem Abwasser, einem Brackwasser schwimmen. Das war übertrieben, war falsch! Aber er hat sich beschäftigt mit dem Thema, wie stehen wir zu der Natur, die uns jetzt umgibt und die wir zu der Natur gemacht haben wie sie jetzt ist. Denn das ist ja nicht die Natur wie sie geplant war.

Kunst erzeugt und fördert ein Bewußtsein des Menschen über seine Existenz und seine Umwelt, wie er in ihr leben will, leben soll und leben mag. Die Erkenntnis einer umfassenden Vernetzung aller Lebensbereiche schafft die Voraussetzung für einen ökologisch stimmigen Umgang des Menschen mit der Natur, aber auch untereinander. Denn wo der Mensch des Menschen Wolf ist, bleibt auch die Natur auf der Strecke. Die Botschaft der Kunst, die sich ja nur an den Menschen richten kann – an wen denn sonst – muß daher lauten: Erkenne dich selbst und die Wirkung deiner Taten. Beides erst ermöglicht ein ökologisches Bewußtsein. Paul Ernst meinte: „Die Wahrheit und Einfachheit der Natur sind immer die letzten Grundlagen einer bedeutenden Kunst“ und Goethe sagt zum Thema: „Natur und Kunst, sie scheinen sich zu fliehen und haben sich, eh man es sich gedacht, gefunden.“ Unsere Träume und Erinnerungen werden immer noch genährt vom Paradies, vom Garten Eden. Unsere Utopien, unsere Sehnsüchte zielen immer wieder auf das Paradies, auf den Garten Eden. Verlorene Paradiesgärtchen, versunkene Städte animieren unsere Phantasie. Nur die jetzige Wirklichkeit der Natur und die Natur des Menschen sind kein Paradies und kein Garten Eden. Die Geschichte der Menschheit begann mit dem Verlust des Paradieses und sie begann damit, daß der Bruder den Bruder erschlagen hat und von da ab überziehen wir uns mit Kriegen und von da ab bekriegt uns die Natur. Die Unrealisten, die falschen Ökologisten verschließen die Augen vor dieser Tatsache und erpoetisieren sich ein Jetztzeitparadies. Die anderen sehen das Greenpeace in naher Zukunft. Auch die Apostel – Pfingsten steht vor uns – erwarteten die baldige Wiederkunft des Herrn, das letzte Gericht und den Anbruch des neuen Jerusalem. Wenn wir nachlesen, was im Jahre 1000 erwartet wurde beim Umbruch des neuen Jahrtausends, wie die warteten, was das neue Jahrtausend an Renovation, an Reunion bringen würde, so sehe ich das oft jetzt in unseren Träumen, sieben Jahre vor unserem neuen Jahrtausend. Der Himmel auf Erden ist ein sozialistischer Selbstbetrug, dessen Entlarvung wir gerade miterleben und schon wieder nicht wahrhaben wollen. Ich habe Ökologie immer so verstanden, daß wir zunächst die Natur vor sich selber schützen müssen so wie wir den Menschen vor sich selber bewahren müssen. Der Wolf, das Untier, das Tier in uns gilt es zu zähmen, zu domestizieren. Das muß die Geschichte der Menschheit sein. Aber statt dessen fällt der Mensch immer wieder auf seine schreckliche Naturstufe zurück, auf seine atavistische Vergangenheit. Den Menschen in den Rang des Menschen zu heben, das ist für mich Kultur. So wird der Mensch zum Herrn der Schöpfung! So wird er diese Schöpfung nicht ausnutzen, nicht verwüsten, nicht ausbeuten, nicht zerstören. Er wird sie in den Rang des Paradieses zurückversetzen wollen, wo das Reh neben dem Löwen schläft und der Regisseur neben seinem Kritiker.

Meine Damen und Herren, die Natur kann man nicht lassen wie sie ist. Den Menschen darf man nicht lassen wie er ist. Erziehung heißt nicht Reglementierung, Erziehung heißt Kultivierung, heißt, aus Naturvölkern Kulturvölker machen. Kultivierung heißt, aus der Bestie Natur die Mutter Natur machen. Wir müssen uns voreinander schützen, damit nicht der Mensch des Menschen großer Feind ist. Wir müssen uns vor der Natur schützen, damit die Allgewalt der freigelösten Natur uns nicht vergewaltigt. Und ich meine, wir müssen noch wissen, daß wir aufwachsen müssen mit Kultur.

Ich führe die Diskussion jetzt gerade in den neuen Bundesländern, wo ich kraft meiner Aufgabe dafür sorgen konnte, daß die Theater nicht einfach alle absterben, und daß mit Hilfe Bonns wirklich die Theater erhalten bleiben. Weil, warum? Natürlich sind das viele nutzlose Theater, aber in der Kultur gilt nicht viel zu viel, da gilt eine Kulturlandschaft, in der man aufwächst. Ob das immer gleich gut ist, ob das immer gleich Qualität ist, ich wage es nicht zu sagen.

Gestatten Sie mir ein Beispiel: Ich bin in einer mittleren Stadt aufgewachsen und, gegen Kriegsende leider noch mit 16 Jahren eingezogen, kam wieder nach dem Krieg, und das einzige Theater das es gab, war in Oberhausen. Da mußte ich zu Fuß hinlaufen, ich sah Hamlet. Ich war gerade 17 Jahre und ich sage Ihnen, der Hamlet hat mich bewegt, der hat vielleicht mein Leben verändert. So tiefbewegt war ich von der Natur der Kunst Shakespears. Als ich 12 Jahre Schauspieldirektor der Münchner Kammerspiele war, kriegte ich das Programmheft in die Hand von dieser Aufführung und ich kannte inzwischen alle Schauspieler. Es muß eine ganz besonders schlechte Aufführung gewesen sein. So schlecht waren die Schauspieler. Das hat damals keine Rolle gespielt. Hamlet traf mich in der Natur der Sache zur richtigen Zeit. Und ich habe es erlebt und ich konnte daran wachsen und ich konnte daran erzogen werden. Die Restitutio der Harmonie, das Wieder-in-Einklang-Bringen der dispersierenden Kräfte, das ist Kulturarbeit.

Und wenn Sie das Ende von der Zauberflöte erleben, die Strahlen der Sonne, dann ist die Königin der Nacht nicht zerstört, auch sie neigt sich vor ihm und Sarastro gibt es an den Sprecher ab und alle sind eins und singen auf einmal, was vorher immer verschieden klang, das ist das

Ende der Zauberflöte. Nicht eines naturalistischen Stückes – Zauberflöte. Zu oft führt der Weg der Menschheit von der Humanität über die Nationalität zur Brutalität. Es gilt, diesen Weg zurückzuführen. Und angesichts der Meere auf dieser schönen Welt muß ich am Ende an ein Wort von Paul Ford denken: „Die Meere sind der sichtbare Beweis dafür, daß Gott über seine Schöpfung geweint hat." Mögen wir uns mit Gott über seine Schöpfung freuen.

Peter M. Schmidhuber

Ökologie und EG

Es ist natürlich eigentlich eine bedauerliche, bejammernswürdige Aufgabe, Sie von dem kultur-philosophischen Brillantfeuerwerk August Everdings von Thomas Hobbes bis Franz Marc wieder zurückzuführen, nicht nur zur Ökonomie, sondern eigentlich zu einer sehr trockenen Materie, der praktischen Wirtschaftspolitik.

Wir alle wissen, daß unsere Umwelt durch Eingriffe, die häufiger auf der Illusion von der Unerschöpflichkeit und den Selbstheilungskräften der Natur basieren, in den letzten Jahrzehnten bereits erheblichen Schaden genommen haben. Unstrittig ist auch, daß zur Erhaltung der natürlichen Lebensgrundlagen des Menschen, d.h. zur Verminderung der Belastungen durch Produktion und Konsum wirksame Maßnahmen ergriffen werden müssen. Auf diesem Feld hat es in den letzten 10 bis 15 Jahren schon positive Ansätze gegeben. Aber nicht nur der reine Selbsterhaltungstrieb des Menschen bewegt ihn dazu, umweltschützende Maßnahmen zu ergreifen. Auch aus wohlverstandenen ethischen und aus ökonomischen Gründen ist der Schutz der Umwelt ein sinnvolles und notwendiges Unternehmen. Ich brauche deshalb auf diese Aspekte hier nicht weiter einzugehen – sie sind im Laufe dieser Tagung schon behandelt worden –, sondern ich möchte mich auf die Relation zwischen Ökologie und internationaler Wettbewerbsfähigkeit konzentrieren.

Umweltschützende Maßnahmen können vorbeugender Art sein wie z.B. die Abfallvermeidung, rohstoff- und energieersparender Art sein wie z.B. das Recycling von Abfallstoffen, und sie können weiter nachträglich heilender Art sein wie z.B. die umweltgerechte Endlagerung von Abfällen, also die Kategorie I und die Kategorie II von Professor Oppenländer. Gleich welcher Art diese Maßnahmen sind, haben sie doch eins gemein: Im ersten Schritt verursachen sie Kosten. Von dieser Erkenntnis ist es nur ein kleiner Schritt zur Feststellung, daß all das, was Kosten verursacht, gleichzeitig die internationale Wettbewerbsfähigkeit beeinflußt. Insoweit sind die Kosten des Umweltschutzes vergleichbar mit Lohnkosten oder der Steuerbelastung.

Diese Tatsache wäre nicht weiter problematisch, wenn in allen Staaten der Welt der Umweltschutz die gleiche Priorität genösse. Dem ist aber leider nicht so und zwar nicht nur, wenn man Deutschland mit Entwicklungsländern der Dritten Welt vergleicht, in denen die Bekämpfung des Hungers, das Reduzieren von Krankheit und das Eindämmen der Wohnungsnot sowie die Erhöhung des Lebensstandards größere Bedeutung haben. Dieses Spannungsverhältnis gibt es auch innerhalb der Europäischen Gemeinschaft. Unterschiede bestehen innerhalb der Gemeinschaft zwischen Nord und Süd. Das divergente Umweltbewußtsein zwischen Staaten hat sicherlich vielfältige Ursachen. Ein wesentlicher Grund für den relativ hohen Stellenwert des Umweltschutzes in Deutschland dürfte z.B. in der hohen Bevölkerungsdichte und in der intensiven Industrialisierung bestehen. In anderen Ländern stellt sich diese Situation anders dar – mit entsprechenden Folgen für die Priorität des Umweltschutzes. Ich darf dazu kurz ein Beispiel einflechten: Durch den Vertrag von Maastricht ist ein Kohäsionsfond geschaffen worden für die vier ärmsten Länder der europäischen Gemeinschaft, also für Spanien, Portugal, Irland und Griechenland. Dieser Kohäsionsfond dient dazu, den Aufholwettbewerb dieser Volkswirtschaften durch Investitionen auf dem Gebiet der Verkehrsinfrastruktur und des Umweltschutzes zu unterstützen. In allen vier Staaten besteht sehr großes Interesse an diesem Kohäsionsfond – das liegt auf der Hand, weil hier ja neue Ressourcen für diese Staaten beschlossen werden – aber meist nur für das erste Ziel, den Ausbau der Verkehrsinfrastruktur, weit weniger für das zweite Ziel, die Investitionen in den Umweltschutz. Es ist ein sehr mühsamer Prozeß, die Regierungen davon zu überzeugen, daß man entsprechend der Intention des Kohäsionsfonds auf diesem Gebiet gleichgewichtig vorgehen muß.

Meine Damen und Herren, wie gesagt, dies ist nur ein möglicher Grund für das unterschiedliche Umweltbewußtsein. Jedenfalls ist es angesichts dieser Sachlage erklärlich, wenn Ausmaß und Niveau der Umweltschutzvorschriften und der Umweltstandard international relativ stark voneinander abweichen. Diese Unterschiede im Umweltstandard wirken sich dann nicht auf die Position im internationalen Wettbewerb aus, wenn die Belastung mit den Kosten der Umweltmaßnahmen direkt beim Endverbraucher erfolgt. So üben z.B. die Höhe der Abfallgebühr für Haushaltsmüll, Vorschriften über Feuerungsanlagen privater Haushalte, Verkehrsberuhigungsmaßnahmen in Wohngebieten und Vorschriften über die Wärmedämmung von Wohngebäuden keinen Einfluß auf die internationale Wettbewerbsfähigkeit von Unternehmen aus, zumindest nicht direkt. Die Kosten des Umweltschutzes sind also nur dann für die internationale Wettbewerbsfähigkeit von Bedeutung, wenn damit die Produktion bzw. die Erbringung der Dienstleistung durch Unternehmen belastet wird; so z.B. die Besteuerung des Energieverbrauchs nicht nur der Verbraucher, sondern auch der Unternehmen; Vorschriften zur umweltschonenden Produktion, zur Abwasserbeseitigung und zum Recycling von Stoffen im Produktionsprozeß. Nur in diesen Fällen kann es möglich sein, daß die Anbieter in anderen Län-

dern, deren Produktion nicht mit solchen Auflagen belastet ist, einen Wettbewerbsvorteil haben.
Aufgabe der EG-Kommission und der anderen Institutionen der Europäischen Gemeinschaft ist es, innerhalb der Gemeinschaft – und auch im nun erweiterten europäischen Wirtschaftsraum, der hoffentlich im Laufe dieses Jahres noch in Kraft tritt – faire Wettbewerbsbedingungen zu gewährleisten bzw. herzustellen. D.h. in diesem Fall, für eine Annäherung der Umweltstandards in der Gemeinschaft und darüber hinaus zu sorgen. Auch im internationalen Handel mit Drittstaaten muß die Gemeinschaft sicherstellen, daß immer dann, wenn sie auf dem Gebiet des Umweltschutzes aus eigener Überzeugung eine Vorreiterrolle übernimmt, der europäischen Industrie dadurch im internationalen Handel kein Nachteil entsteht.
Lassen Sie mich zunächst auf das Spannungsverhältnis Ökologie und Wettbewerbsfähigkeit auf der Ebene der Mitgliedsstaaten der Europäischen Gemeinschaft eingehen. Ziel der Umweltpolitik der europäischen Gemeinschaft ist es, unter Abwägung der Kosten und Nutzen einzelner umweltpolitischer Maßnahmen, ein möglichst hohes Umweltschutzniveau bei der Produktion und dem Konsum sicherzustellen. Dabei gibt die Europäische Gemeinschaft Richtlinien vor, die die Mitgliedstaaten in nationale Gesetze umsetzen müssen. Die von der Gemeinschaft vorgegebenen Standards stellen dabei meist Mindestnormen dar. Die einzelnen Mitgliedstaaten können noch strengere Anforderungen stellen. Diese Richtlinien waren bisher in vielen Fällen auf Art. 100a des EWG-Vertrags gestützt, d.h. sie dienten unter bestimmten Gesichtspunkten der Herstellung des gemeinsamen Binnenmarktes. Zumindest war dies die Intension des Normgebers – mit dem Nebeneffekt, daß zur Verabschiedung dieser Richtlinien eine qualifizierte Mehrheit im Rat ausreichte. Diese Interpretation wurde kürzlich vom Europäischen Gerichtshof in Zweifel gezogen. Demnach sind gesetzgebende Maßnahmen, die in ihrem Schwerpunkt und in ihrer Zielrichtung den Umweltschutz betreffen, auf Art. 130s des EWG-Vertrags zu stützen, der das Gesetzgebungsverfahren für umweltpolitische Maßnahmen in der Gemeinschaft regelt. Dies hat zur Folge, daß bestimmte derartige Maßnahmen nur einstimmig vom Rat beschlossen werden können. Dadurch wird die gemeinschaftliche Umweltgesetzgebung in diesen Fällen natürlich wesentlich erschwert, weil das Erfordernis der Einstimmigkeit zu vielen problematischen Kompromissen führt und manchmal, und nicht allzu selten, zu überhaupt keinen Entscheidungen. Es besteht somit die Gefahr, daß das Land mit der schwächsten Umweltpolitik das Tempo der Gesetzgebung bestimmt. Dies wird auch den Zwang erhöhen, unterschiedliche Umweltstandards innerhalb der Gemeinschaft in Kauf zu nehmen.
Ein Beispiel für die Festlegung gemeinschaftsweiter Mindestnormen ist die Begrenzung des Schwefeldioxydausstosses von Großfeuerungsanlagen. Hier hat die Gemeinschaft die Grenzwerte vorgegeben, die von diesen Anlagen in der gesamten Gemeinschaft nicht überschritten werden dürfen. Den Mitgliedsstaaten bleibt es unbenommen, diese Grenzwerte niedriger anzusetzen.

Auch die Richtlinie der Gemeinschaft bezüglich der Verpackungen und des Verpackungsmülls ist hier zu erwähnen, sie ist ja teilweise ein Reizthema in Bayern. In dieser Richtlinie verpflichtet die Gemeinschaft ihre Mitgliedstaaten dazu, Regelungen zu erlassen, damit bestimmte Mindestprozentsätze des Verpackungsmülls dem Recyclingverfahren zugeführt und damit wieder in den Produktionskreislauf zurückgeführt werden. Ein anderer Teil des Mülls – bis zu 27 % – darf verbrannt werden. Die Regelung des Verfahrens und der technischen Einzelheiten bleibt den Mitgliedsstaaten überlassen. Diese Mindestsätze für den wieder zu verwertenden Anteil des Verpackungsmülls sind für alle Mitgliedsstaaten gleich, so daß die Wettbewerbssituation zwischen den Anbietern innerhalb der europäischen Gemeinschaft nur in begrenztem Maß berührt wird.

Eine weitere Form der Annäherung von Umweltstandards innerhalb der europäischen Gemeinschaft läßt sich am Beispiel der Richtlinien über die Autoabgase darstellen. Hier gingen die Auffassungen der Mitgliedsstaaten über die höchst zulässigen Abgaswerte anfangs weit auseinander, zurückzuführen auf die oben erwähnten unterschiedlichen Prioritäten des Umweltschutzes in den einzelnen Mitgliedsstaaten, aber auch aufgrund der unterschiedlichen Struktur der Automobilindustrie in den verschiedenen Ländern der EG. Der Kompromiß sah vor, daß kurzfristig die niedrigen Abgaswerte zunächst nur für neue Fahrzeuge mit relativ großvolumigen Motoren gelten sollten, während für die Mittelklassefahrzeuge und die Kleinwagen längere Übergangsfristen vereinbart wurden. Diese Lösung ist seinerzeit in Deutschland als nur halbherzig heftig kritisiert worden. Gleichwohl ist es mit Hilfe dieses Kompromisses mittlerweile gelungen, den geregelten 3-Wege-Katalysator in alle neuen Fahrzeuge, die in Europa hergestellt werden, zu installieren.

Als nächstes Beispiel möchte ich die sogenannte CO_2-Steuer erwähnen. Zur Bekämpfung des Treibhauseffektes verpflichtete sich die Europäische Gemeinschaft, ihre CO_2-Emissionen bis zum Jahr 2000 auf den Stand von 1990 zu stabilisieren. Mit dieser Zielrichtung hat die Kommission eine Richtlinie vorgeschlagen, mit der gemeinschaftsweit eine CO_2-Steuer eingeführt werden soll. Diese Steuer soll auf der Stufe des Endenergieverbrauchs erhoben werden, d.h. also im Bestimmungsland. Die Hälfte dieser Steuer soll sich nach den Kohlendioxydemissionen fossiler Energieträger bemessen, die andere Hälfte nach dem thermischen Wert aller Energieträger, unabhängig davon, ob es sich um fossile oder nichtfossile Energien handelt. Die Gesamtsteuerbelastung soll 17,7 Ecu pro Rohöleinheit betragen, was etwa einem Wert von 3 US-Dollar je Barrel entspricht. Um eine Beeinträchtigung der Wettbewerbsfähigkeit der europäischen Industrie zu vermeiden, ist folgendes vorgesehen:

(1) Soll dadurch die Steuerbelastung der Unternehmen insgesamt nicht steigen, d.h. es soll an anderer Stelle eine Kompensation durch Steuersenkung erfolgen. Inwieweit das angesichts der gegenwärtigen finanzpolitischen Situation in fast allen Mitgliedsstaaten der EG realisiert werden kann, lasse ich einmal dahingestellt.

(2) Was die Energieträger selbst betrifft, werden die Exporte aus der europäischen Gemeinschaft von dieser CO_2-Energiesteuer freigestellt, während die Importe aus Drittstaaten mit dieser Steuer beim Grenzübertritt belastet werden. Die bei der industriellen Produktion verbrauchte, durch die CO_2-Steuern verteuerte Energie führt zu einer höheren Kostenbelastung der EG-Industrieproduktion, während die Konkurrenten aus Drittstaaten ihren Energieverbrauch unversteuert, d.h. zu niedrigeren Kosten ansetzen können. Dadurch wird die heimische Industrie im internationalen Wettbewerb im Grunde benachteiligt. Um hier die gröbsten Divergenzen auszugleichen, hat die Kommission vorgeschlagen, besonders energieintensiv produzierenden Unternehmen Steuerermäßigungen einzuräumen. So wird z.B. bei einem Anteil der Energiekosten von 8–12 % der Wertschöpfung des Unternehmens ein Steuernachlaß von 25 % gewährt. Dieser steigt progressiv an und erreicht bei einem Energiekostenanteil von über 30 % einen Ermäßigungssatz von 90 %. Der ist allerdings sehr selten. Dadurch wird der Wettbewerbsnachteil dieser Unternehmen sowohl bei den Exporten wie auch bei den Importen aus Drittstaaten immerhin wesentlich gemildert, ohne daß der Anreiz zu sparsamerer Energienutzung entfallen würde. Noch wichtiger als diese Einzelregelung ist jedoch, daß die europäische Gemeinschaft ein Junktim aufgestellt hat: So wird sie die $C0_2$-Steuer erst dann anwenden, wenn die Hauptkonkurrenzländer auf der OECD-Ebene eine ähnliche Steuer oder vergleichbare Maßnahmen, also Maßnahmen mit vergleichbaren finanziellen Auswirkungen, eingeführt haben. Damit ist natürlich die Angelegenheit zunächst einmal vertagt, was unter Umweltschutzgesichtspunkten und unter klimatologischen Gesichtspunkten sicherlich zu bedauern ist.

Der Hinweis auf das Junktim, das hinsichtlich der $C0_2$-Steuer besteht, zeigt, daß ein internationaler Ansatz erforderlich ist, wenn vermieden werden soll, daß aus Umweltschutzmaßnahmen Wettbewerbsnachteile im internationalen Wirtschaftsverkehr entstehen. Aus diesem Grund ist die Europäische Gemeinschaft bestrebt, in den internationalen Organisationen auf eine Verbesserung des Umweltschutzes auch in anderen Staaten, insbesondere in Industriestaaten, hinzuwirken. Ein erster Ansatz hierfür ist z.B. der im letzten Jahr in Rio de Janeiro durchgeführte Umweltgipfel, der wohl gleichzeitig auch ein großes Medienspektakel war. Die Kommission hat darüber hinaus die Absicht, mit Hilfe einer handelspolitischen Initiative einer Wettbewerbsbenachteiligung aufgrund verstärkter Umweltschutzmaßnahmen entgegenzuwirken. Gegen sogenanntes Umweltdumping sollen also geeignete handelspolitische Maßnahmen ergriffen werden können. Solche Maßnahmen bedürfen jedoch einer Verankerung im internationalen Zoll- und Handelsabkommen, dem GATT. Hierfür bestehen zur Zeit noch keine Regelungen. Die Kommission beabsichtigt jedoch nach Abschluß der laufenden Uruguay-Runde des GATT das Thema Umweltdumping bei der folgenden Verhandlungsrunde aufzugreifen. Wenn man von einem best case-szenario ausgeht, dann kann man damit rechnen, daß vielleicht zum Jahresende die Uruguay-Runde abgeschlossen

ist. Selbst dann wird es aber sicherlich viele Jahre dauern, bis man sich auf eine so komplizierte Materie einigen kann.
Ich möchte hier auch nicht verheimlichen, daß ich es für sehr schwierig halte, abgesehen von der von mir schon erwähnten langen Dauer der Verhandlung, solche Regelungen im GATT wirksam zu installieren. Zum einen müßten eine Vielzahl international akzeptierter Mindeststandards für Umweltschutzmaßnahmen bzw. umweltschonende Produktionen festgelegt werden. Dann müßte nachgewiesen werden, daß ein bestimmter Exporteur diese Mindeststandards nicht beachtet und aufgrund dieser Nichtbeachtung zu geringeren Kosten produzieren kann, daß er diesen Kostenvorteil auch preiswirksam werden läßt und dadurch europäische Anbieter benachteiligt, d.h. konkret schädigt. Die Schwierigkeit dieser Materie sollte die Europäische Gemeinschaft nicht – und wird sie auch nicht – davon abhalten, die Frage des Umweltdumping in die nächsten GATT-Verhandlungen einzubringen. Ich möchte jedoch deutlich darauf hinweisen, daß die europäischen Unternehmen in der Zwischenzeit mit den Belastungen der Umweltschutzmaßnahmen werden leben müssen. Darüber hinaus dürften selbst bei einer erfolgreichen Aufnahme des Umweltdumping in das GATT solche einseitigen Belastungen nicht vollständig ausgeglichen werden können.
Meine Damen und Herren, in einigen Vorträgen des heutigen Tages klang es schon an – und das möchte ich hier nochmals aufgreifen –, daß verstärkte Anstrengungen auf dem Gebiet des Umweltschutzes nicht nur Belastungen für die Wirtschaft mit sich bringen, sondern auch Chancen. Durch die Vorreiterrolle beim Umweltschutz verschaffen sich diese Staaten eine gute Ausgangsposition bei der Erschließung lukrativer Märkte für Technologien, Güter- und Dienstleistungen zum Schutz der Umwelt und für umweltverträgliche Verbrauchermärkte. Gleiches gilt für die Verbesserung des Produktionsprozesses, insbesondere durch die Einführung von sauberer Technologie. Diese sogenannten first-mover-advantages können durchaus gewichtig sein. Durch die Entwicklung entsprechender Umwelttechnologien und Umweltprodukte verschafft sich die Industrie die Möglichkeit, später Lizenzen zu vergeben und diese Technologien bzw. Produkte weltweit zu vermarkten.
Hinzu tritt, daß der Markt für Umweltprodukte, überhaupt die ganze Umweltindustrie, rasch expandiert. Die Tendenz ist klar: auch in anderen Ländern wird der Umweltschutz immer mehr an Bedeutung gewinnen. Nach einer neueren Untersuchung des Instituts CEST wird der Markt für umweltverträgliche Produkte in der EG für die nächsten zehn Jahre auf rund 1,2 Billionen Ecu geschätzt. Entsprechend dieser Studie wird das Marktvolumen bis zum Jahr 2000 um 50–100 % zunehmen. 600.000 Arbeitsplätze sollen in Europa neu in der Umweltindustrie geschaffen werden. Den Belastungen der umweltschützenden Maßnahmen sind also die positiven Effekte gegenüber zu stellen. Insgesamt dürften sich vermehrte Anstrengungen auf dem Gebiet des Umweltschutzes – auch wenn sie in einem ersten Schritt kostenerhöhend sind – langfristig positiv auf die Wettbewerbsfähigkeit der europäischen Industrie auswirken.

Meine Damen und Herren, lassen Sie mich zum Schluß noch einmal zusammenfassen: Das unterschiedliche Bewußtsein der Bevölkerung hinsichtlich der Notwendigkeit eines Schutzes unserer Umwelt bringt es mit sich, daß umweltschützenden Maßnahmen in den verschiedenen Staaten eine unterschiedliche Priorität eingeräumt wird. Daraus folgt, daß sich Umfang und Niveau der umweltschützenden Maßnahmen in den verschiedenen Staaten unterscheiden. Da Umweltschutz im ersten Schritt Kosten verursacht, können dadurch die Unternehmen der umweltbewußteren Länder im internationalen Wettbewerb benachteiligt sein. Allerdings sollte man nie vergessen, daß Umweltbelastungen immer nur ein Faktor aus einer sehr reichhaltigen Kostenpalette der Unternehmen ist.

Soweit es um umweltschützende Maßnahmen innerhalb der europäischen Gemeinschaft geht, bemühen sich die gesetzgebenden Institutionen der EG um eine Annäherung der Umweltstandards, eventuell mit spezifischen Übergangsfristen. Gegenüber Drittstaaten ist die Europäische Gemeinschaft allerdings in einer schwächeren Position. Gleichwohl bemüht sich die EG-Kommission in den internationalen Gremien darum, auch andere Länder, insbesondere Industrieländer, zu gemeinsamen Umweltschutzaktionen zu bewegen. Nach Abschluß der Uruguay-Runde wird sich die EG-Kommission bemühen, im Rahmen des GATT auch Regelungen gegen sogenanntes Umweltdumping aufzunehmen. Selbst unter Berücksichtigung all dieser Maßnahmen wird es wohl nicht gelingen, eine volle Kompensation für die Kosten von Umweltschutzmaßnahmen bei Unternehmen zu erlangen. Diesen Kosten sind jedoch die Chancen gegenüber zu stellen, die aus der Vorreiterrolle im Zukunftsmarkt der Umwelttechnologien und umweltverträglichen Produkte resultiert. Alles in allem dürften hinsichtlich der internationalen Wettbewerbsfähigkeit die Vorteile einer Pilot- und Pionierfunktion im Umweltschutz die Nachteile überwiegen.

Anhang

Europäische Akademie für Umweltfragen e.V. – Tübingen

Die Akademie wurde im November 1986 als Arbeitsgemeinschaft von Wissenschaftlern, Wirtschaftlern und Politikern gegründet.

Ihre Ziele
Entsprechend ihrer Satzung befaßt sie sich vor allem mit
- Erfassung und Aufbereitung von Umweltdaten
- Verbreitung ökologischer Kenntnisse, insbesondere im Rahmen der Erwachsenenbildung

Ihre Aufgaben
- Durchführung von Fernstudienkursen (zu „Gesundheit und Umwelt“, „Ökologie und ihre biologischen Grundlagen“)
- Veröffentlichung über Umweltprobleme (z.B. zu Folgen der Anreicherung der Erdatmosphäre mit $C0_2$)
- Ausrichtung wissenschaftlicher Kongresse und Seminare
- Durchführung von eigenen Forschungsvorhaben bzw. Mitarbeit an besonders förderungswürdigen Projekten (Biologische Reinigung kontaminierter Böden, computergestützte Erfassung von Waldschäden, Verfahren zur Umwandlung von CO_2 in Methanol u.a.)
- Erstellung von unabhängigen Gutachten zu umweltrelevanten Themen (Gewässer, Atmosphäre, Böden, Altlasten, umweltbedingte Erkrankungen u.a.)
- wissenschaftliche Beratung bei Umweltproblemen.

Ihre Organe
Mitgliederversammlung aus 20 europäischen Staaten
- Persönliche, Korrespondierende und Korporative Mitglieder

Präsidium:
- Präsident: Prof. Dr. Dr. h. c. Helmut Metzner
- Vizepräsidenten:
  Minister Karl-Heinz Lambertz (Eupen)
  Dr. h. c. Helmhold Schneider (Altenkirchen)
- Justitiar: Lothar Freund (Mannheim)
- Schatzmeister: Dr. Ferdinand Rammelt (Straßburg)
- Kooptierte: Helmut Seliger (Tuttlingen)
  Dipl.-Ing. Rudolf Decker (Böblingen)

Kuratorium:
International besetztes Beratungsgremium der Akademie

Wissenschaftlicher Beirat:
Zur Zeit international besetzte Kommissionen für die Schriftenreihen

Förderverein der Akademie e.V.:
- Vorsitzender: RA Heinrich Meyer-Götz (Dresden)
- stellv. Vors.: Dr. med. Ulrich Schanbacher (Freudenstadt)

Anschrift
Europäische Akademie für Umweltfragen e.V.
Derendinger Straße 41–45
D-72072 Tübingen
Tel. 07071/72938, Fax: 07071/72939

Bayerische Akademie für Naturschutz und Landschaftspflege Laufen/Salzach

Die Akademie wurde 1976 nach Erlaß der Rechtsverordnung durch die Bayerische Staatsregierung ihrer Bestimmung übergeben. – Der Beschluß zu ihrer Gründung geht auf die Verabschiedung des Bayer. Naturschutzgesetzes im Jahr 1973 durch den Bayer. Landtag zur Einrichtung einer Akademie für Naturschutz und Landschaftspflege zurück.

Ihre Aufgaben
Die ANL hat die Aufgabe, in Zusammenarbeit mit den Hochschulen, dem Bayer. Landesamt für Umweltschutz und anderen geeigneten Einrichtungen
- die Durchführung von Forschungsaufgaben bei den dazu geeigneten wissenschaftlichen Einrichtungen anzuregen und zu unterstützen,
- durch Lehrgänge, Fortbildungskurse und Öffentlichkeitsarbeit den neuesten Stand der wissenschaftlichen Erkenntnisse im Bereich Naturschutz und Landschaftspflege zu vermitteln,
- den Austausch von Erkenntnissen und Erfahrungen zu fördern sowie
- anwendungsorientierte ökologische Forschung zu betreiben.

Ihr Träger
Die Akademie ist eine dem Bayer. Staatsministerium für Landesentwicklung und Umweltfragen nachgeordnete Einrichtung. Die ANL besitzt den Status einer nicht rechtsfähigen Anstalt des öffentlichen Rechts.

Ihre Organe
Präsidium:
- Staatsminister Dr. Thomas Goppel, MdL
- Prof. Dr. Ulrich Ammer
- Dr. Joachim Gillessen
- Prof. Reinhard Grebe
- Dr. Martin Haushofer, MdL
- Dipl.-Forstwirt Hubert Weinzierl

Präsidium/Stellvertretende Mitglieder:
- Staatssekretärin Christl Schweder, MdL
- Senator Karl Groenen
- Josef Rottenaicher
- Ludwig Sothmann
- Senator Heribert Thallmair
- Karl Jörg Wohlhüter

Leitung der Akademie:
- Direktor Dr. Christoph Goppel

Ihre Veranstaltungen
- Lehrgänge, Praktika, Seminare
- Tagesexkursionen
- Symposien, Veranstaltungen mit Sondercharakter
- Workshops

Anschrift
Bayerische Akademie für Naturschutz
und Landschaftspflege
Seethalerstraße 6
D-83410 Laufen/Salzach
Tel. 08682/7097, 7098
Fax: 08682/9497

Die Umweltakademie e.V. – Oberpfaffenhofen

Die Umwelt-Akademie wurde am 18.10.1990 gegründet.

Ihre Ziele
Die Umwelt-Akademie hat das Ziel, Entscheidungen zugunsten der Umwelt zu fördern, indem sie
- problemorientiertes Umweltwissen auf hohem Niveau
- in internationaler und fachübergreifender Kooperation
- für die direkte Anwendung in Politik, Wirtschaft und Verwaltung vermittelt.

Ihre Aufgaben
Die Umwelt-Akademie hat die Aufgabe,
- in interdisziplinären Lehrgängen wichtige Umweltthemen aufzugreifen und mit Hilfe von Dozenten aus dem In- und Ausland anwendungsnah zu präsentieren,
- den Dialog zwischen Forschung und Anwendung zu fördern, indem sie Symposien und Vorträge veranstaltet zu Themen wie: ökologisch orientierte Marktwirtschaft, Energieversorgung, Wasserkreisläufe, Stromkreisläufe, Luftschadstoffe, Regionalplanung, Verkehr, Tourismus, Bauen.
- Umweltprojekte zu koordinieren und damit die Erarbeitung neuer ökologischer Konzepte zu unterstützen.

Ihre Organe
Mitgliederversammlung des eingetragenen Vereins:
- Vorsitzender: Prof. Dr. Heinz Häberle
- Stellv.Vors.: Hansjörg Rieder
- Vorst.Mitgl.: Günther Hubrach
- Prof. Dr. Christiane Busch-Lüty
- Prof. Dr. Achim Klein
- Mitglieder: Fördernde Mitglieder (Unternehmen)
  Forschungseinrichtungen, Universitäten, Hochschulen
  Wissenschaftliche und private fördernde Mitglieder
  Gemeinnützige Umweltorganisationen
  Mitglieder von Amts wegen (gemäß Satzung)
  Mitglieder auf Gegenseitigkeit

Anschrift
Die Umwelt-Akademie
c/o DLR
Münchener Straße 20
D-82234 Weßling
Tel. 08153/4751, Fax: 08153/4852

Bankverbindung
Dresdner Bank Kto. 4537 30001,
BLZ 700 800 00

Zentrum für Umwelt und Kultur Benediktbeuern

Das Zentrum für Umwelt und Kultur Benediktbeuern wurde mit seinem Trägerverbund am 22.11.1988 mit Sitz im historischen Meierhof (*1718) des Klosters Benediktbeuern (*739) gegründet.

Sein Zweck
- ein Bildungsangebot für Jugendliche und Erwachsene zur Erhaltung der natürlichen Lebensgrundlagen und des kulturellen Erbes aus christlicher Verantwortung und Heimatbewußtsein zu gewährleisten,
- wissenschaftliche Forschung zu ermöglichen und der Zielsetzung entsprechende Maßnahmen zu entwickeln und durchzuführen,
- Flächen und Einrichtungen im Außenbereich bereitzustellen und zu gestalten sowie den Naturschutz zu pflegen,
- Veranstaltungen zur Kultur- und Heimatpflege durchzuführen
- Räumlichkeiten im Innenbereich für Ausstellungen und Umweltinformation bereitzustellen,
- mit Einrichtungen, insbesondere des Bildungswesens und der Forschung der gleichen Zielsetzung zusammenzuarbeiten und Initiativen zur Verbreitung gesamtheitlicher Konzepte im Bereich von Umwelt und Kultur zu entwickeln, zu fördern und durchzuführen.

Seine Aufgaben
Das Zentrum nimmt seine Aufgaben im Rahmen von sechs Bereichen wahr:

- Naturschutz und Landschaftspflege
- Kulturarbeit und Heimatpflege
- Akademie (berufliche Aus-, Fort- und Weiterbildung in Umweltfragen; in Planung)
- Umwelt-Erwachsenenbildung
- Umwelt-Jugendbildung (Umweltstudienplatz)
- Umwelt-Ausstellungs- und Informationsbereich

Seine Organe
Trägerverbund des ZUK e.V.:
bestehend aus acht Institutionen, die im Bereich der Loisach-Kochelseemoore gelegen sind, bzw. deren Träger oder Dachverbände, und die durch ihre Mitarbeit einen unmittelbaren Beitrag zum Betrieb des ZUK leisten
- Vorsitzender: Provinzial P. Herbert Bihlmayer, Salesianer Don Boscos
- Stellv.Vors.: Prof. Dr. Wolfgang Schröder, Wildbiologische Gesellschaft München
- Schatzmeister: Verwaltungsdirektor Josef Draxinger, St.ö.R. Katholischer Bildungsstätten

Freunde und Förderer des ZUK-BB e.V.:
- Vorsitzender: Staatsminister Hans Zehetmair, StM UKWK
- Stellv.Vors.: Ministerialdirektor Prof. Dr. Werner Buchner, StM LU
- Schatzmeister: Generalbevollmächtigter Dr. Hubert Mennacher, von Finck'sche HV

Leitung des ZUK:
- Rektor: Prof. P. Helmut Mauser
- Koordination: Prof. P. Ottmar Schoch
- Leitung Naturschutz und Landschaftspflege: Dipl.-Biol. Thomas Eberherr
- Leitung Bildungsbereich: Dipl.-Theol. u. Sozialpäd.(FH) Ulrich Wabra

Anschrift
Zentrum für Umwelt und Kultur
- Leitung: Don-Bosco-Straße 1
- Meierhof: Zeilerweg 2
  D-83671 Benediktbeuern
  Tel. 08857/88-474, Fax: 08857/88-376

Die Autoren

Prof. Dr. Werner Buchner, Ministerialdirektor
Staatsministerium für Landesentwicklung
und Umweltfragen
Rosenkavalierplatz 2
81925 München

Prof. August Everding, Generalintendant
Bayerische Staatsoper
Max-Josef-Platz
80539 München

Alois Glück, Fraktionsvorsitzender der CSU
Bayerischer Landtag
Maximilianeum
Max-Planck-Straße 1
81675 München

Prof. Dr. Heinz Häberle
Die Umweltakademie
c/o DLR
Münchener Straße 20
82234 Weßling-Oberpfaffenhofen

Prof. DDr. Helmut Metzner
Europäische Akademie für Umweltfragen
Derendinger Straße 41–45
72072 Tübingen

Prof. Dr. Karl Heinrich Oppenländer
Präsident des
ifo-Instituts für Wirtschaftsforschung
Poschinger Straße 5
81679 München

Prof. Dr. Anton Rauscher
Lehrstuhl für Christliche Gesellschaftslehre
der Universität Augsburg
Universitätsstraße 2
86159 Augsburg

Peter Schmidhuber,
Mitglied der EG-Kommission
Rue de la Loi / Wetstraße 200
B-1049 Brüssel

Staatsminister Hans Zehetmair
Staatsministerium für Unterricht,
Kultus, Wissenschaft und Kunst
Salvatorstraße 2
80327 München